ISBN 978-1-4234-7616-0

HAL·LEONARD® CORPORATION

7777 W. BLUEMOUND RD. P.O. BOX 13819 MILWAUKEE, WI 53213

Visit Hal Leonard Online at
www.halleonard.com

ALREADY GONE

Words and Music by KELLY CLARKSON
and RYAN TEDDER

Moderately slow

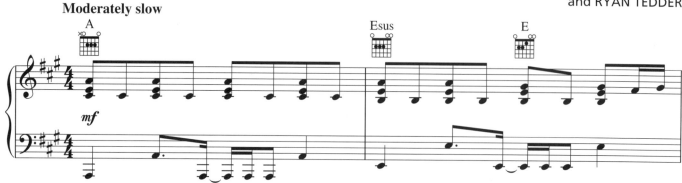

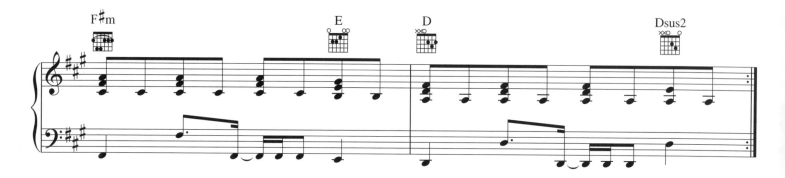

Re-mem-ber all the things we want-ed.

Now all our mem-o-ries, they're haunt-ed.
but I know that you'll find an-oth-er

We were al-ways meant to say good-bye. ___
that does-n't al-ways make you wan-na cry. ___

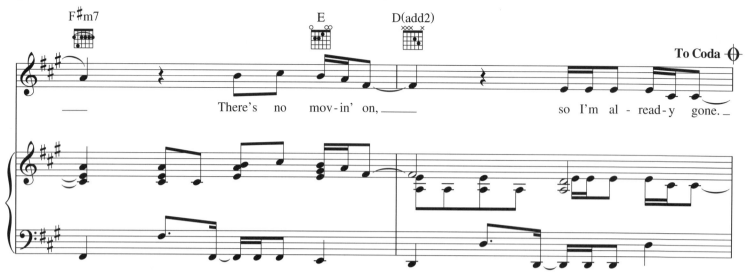

To Coda

There's no mov-in' on, _____ so I'm al-read-y gone. _

(Gone, al-read-y gone, ___ al-read-y gone, _

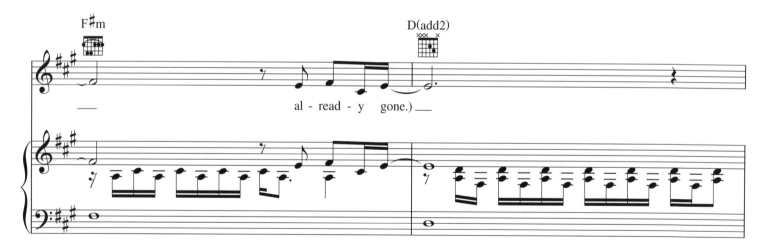

al-read-y gone.) _

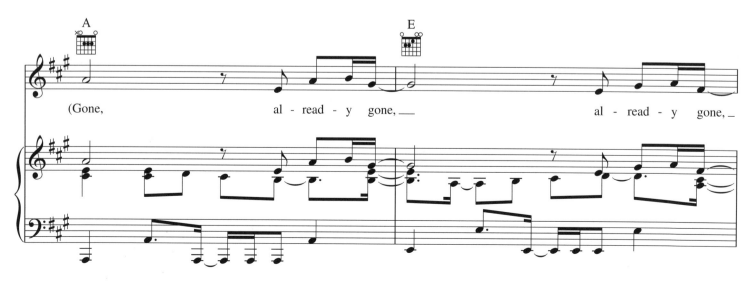

(Gone, al-read-y gone, ___ al-read-y gone, _

BAD ROMANCE

Words and Music by STEFANI GERMANOTTA
and NADIR KHAYAT

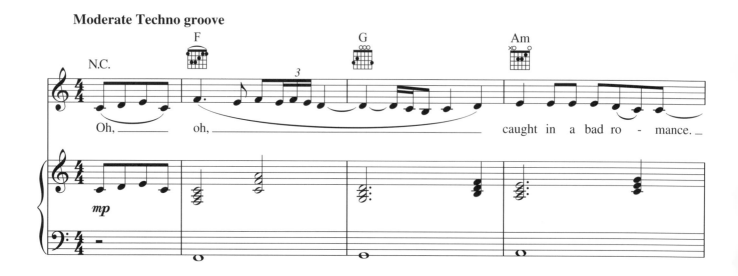

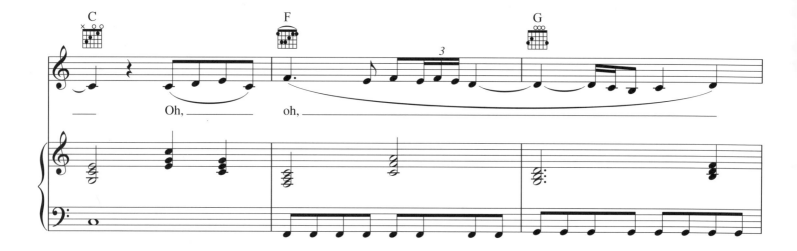

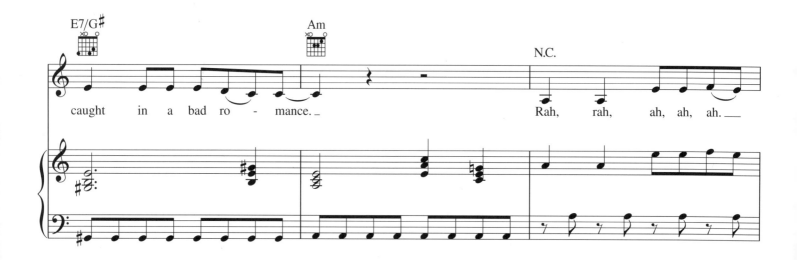

Ro - ma, ro - ma, ma.___ Ga - Ga, ooh - la - la,___ want your bad ro - mance.

N.C.

Rah, rah, ah, ah, ah.___ Ro - ma, ro - ma, ma.___ Ga - Ga, ooh - la - la,___

want your bad ro - mance.___ I want your ug - ly, I want your dis - ease.___
I want your hor - ror, I want your de - sign___

I want your ev - 'ry - thing as long as it's free.___ I want your love.
'cause you're a crim - i - nal as long as you're mine.___ I want your love.

Love, love, love, I want your love.

I want your dra - ma, the touch of your hand, __ hey. I want your leath - er - stud - ded
I want your psy - cho, your ver - ti - go shtick, __ hey. While you in my rear win - dow,

kiss in the sand. __ I want your love.
ba - by is sick. __ I want your love.

Love, love, love, I want your

love.
(Love, love, love, I want your love.)

Am

You know that I want __ you

and you know that I need __ you. I want it bad, bad ro - mance. __

I want your love and __ I want your re - venge, __ you and me __ could write a bad ro - mance. __

__ Oh, _____ I want your love and all your lov- in's re - venge, __ you and me __

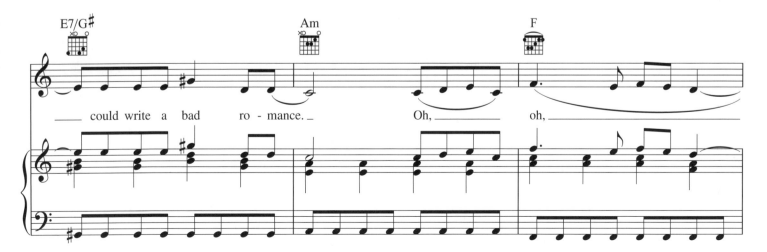

__ could write a bad ro - mance. __ Oh, _____ oh, _____

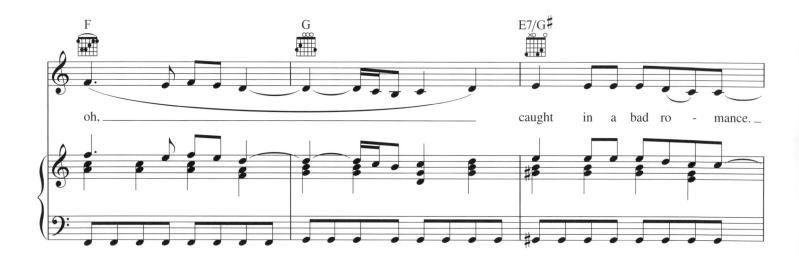

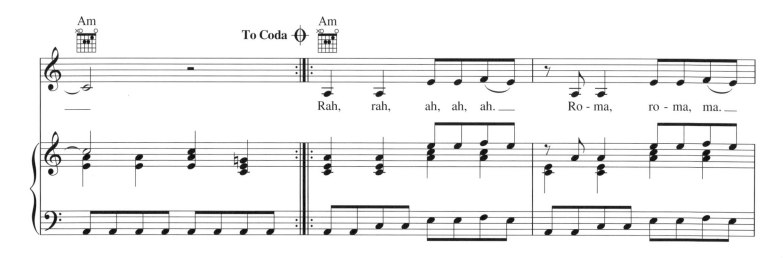

FALLIN' FOR YOU

Words and Music by COLBIE CAILLAT
and RICK NOWELS

Moderately fast

I don't know,— but I think I ___ may be ___ fall - in' for ___ you,
As we're stand - in' here ___ and you hold my hand, ___ pull me towards ___ you

drop - pin' so ___ quick - ly. ___ May - be I ___ should keep this to ___ my - self, ___
and we start ___ to dance. ___ All a - round us, I see no - bod - y. ___

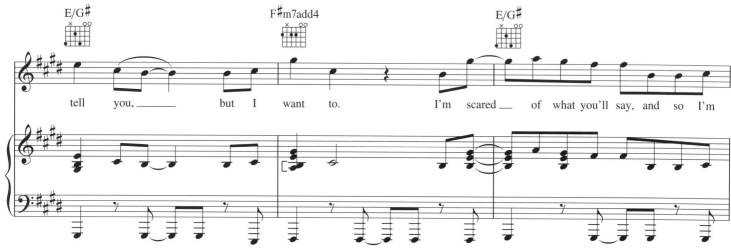

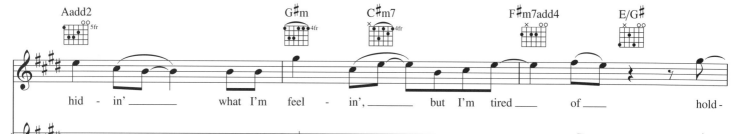

BATTLEFIELD

Words and Music by LOUIS BIANCANIELLO,
WAYNE WILKINS, SAM WATTERS
and RYAN TEDDER

Slow groove

Don't try to ex-plain __ your mind; I know what's hap - 'nin' here.

One min-ute it's love, __ then sud-den-ly it's like a bat-tle-field.

One word turns in-to a war. Why is it the small-est things that tear __ us down? _____

D.S. al Coda

If we can't sur-ren - der, then we both gon-na lose what we have. Oh, _____ no.

CODA

D

N.C.

bat - tle - field? You bet - ter go and get your ar -

C   **G5**   **D**   **Em**   **G/D**

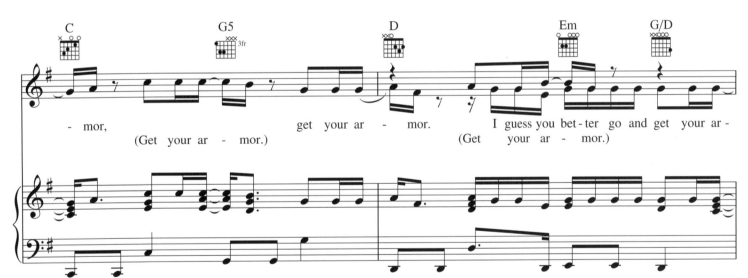

- mor,   get your ar - mor.   I guess you bet-ter go and get your ar -
(Get your ar - mor.)   (Get your ar - mor.)

C   **G5**   **D**

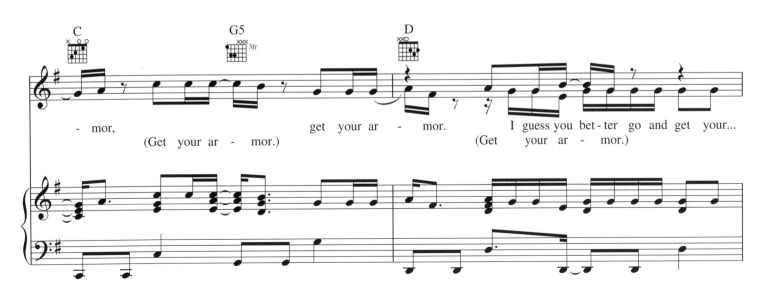

- mor,   get your ar - mor.   I guess you bet-ter go and get your...
(Get your ar - mor.)   (Get your ar - mor.)

We could pre - tend that we are friends to - night, (oh,) ____

and in the morn - in' we wake up and we be al - right.

'Cause, ba - by, we don't have to fight, _____ and I don't want this love to feel __ like a

bat - tle - field, __ a bat - tle - field, __ a bat - tle - field. Why does love al - ways feel __ like a

CHANCES

Words and Music by JOHN ONDRASIK
and GREGG WATTENBERG

Moderately slow

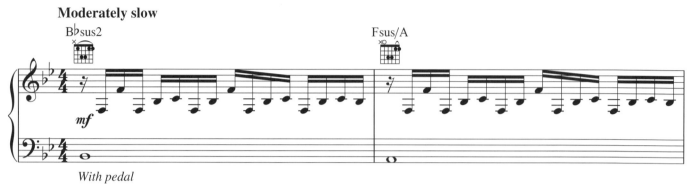

With pedal

Chanc-es are, when said and done, _ who'll be the luck-y ones _

who make it all _ the way? _

Though you say I could be your an - swer, _____ noth-ing lasts _ for - ev - er, _____

_____ no mat-ter how _ it feels _ to - day. _

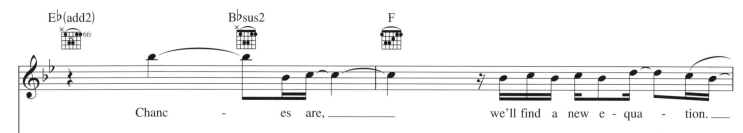

Chanc - es are, _____ we'll find a new e - qua - tion. _

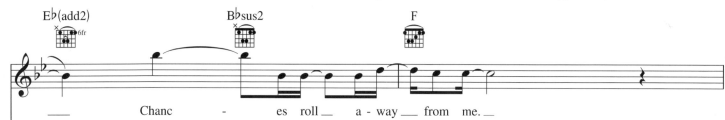

_____ Chanc - es roll a - way _ from me. _

from me. _____ Still, chanc - es are _____

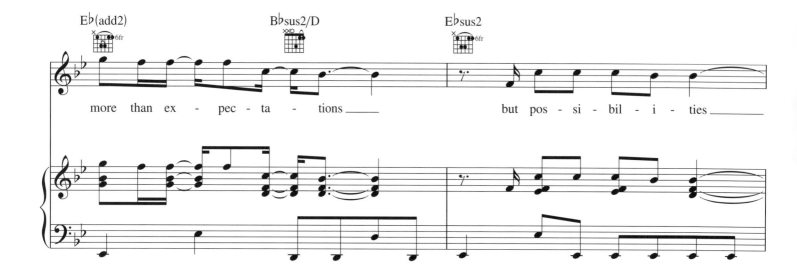

more than ex - pec - ta - tions _____ but pos - si - bil - i - ties _____

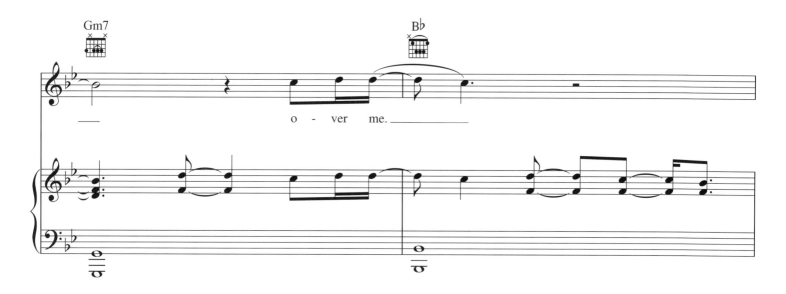

o - ver me. _____

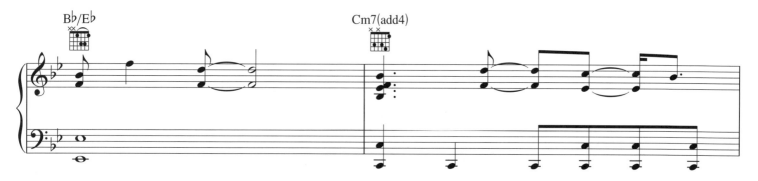

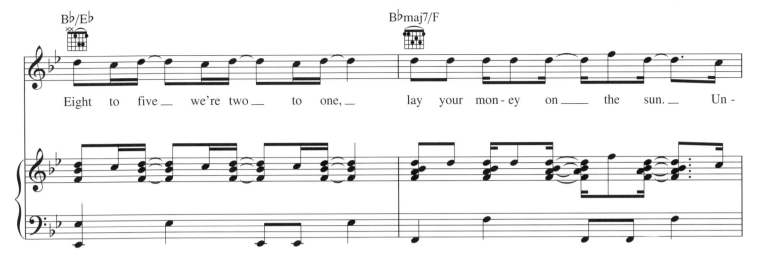

Eight to five __ we're two __ to one, __ lay your mon - ey on __ the sun. __ Un -

til you crash, __ what have you done? __ Is there a bet - ter bet __ than love? __

What you are __ is what __ you bring. __ You got - ta cry __ be - fore you sing.

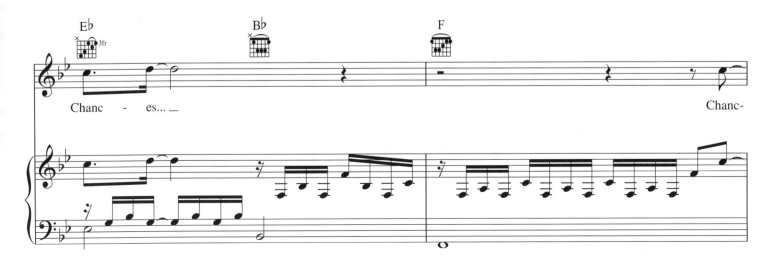

Chanc - - es... __   Chanc-

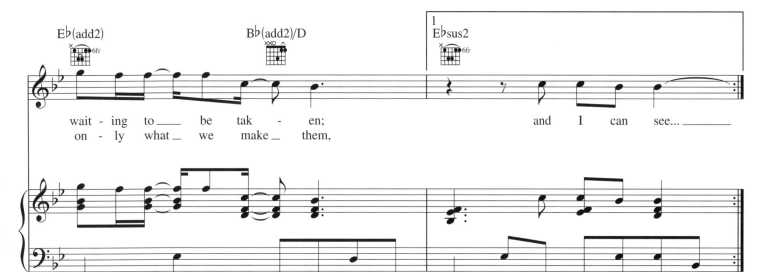

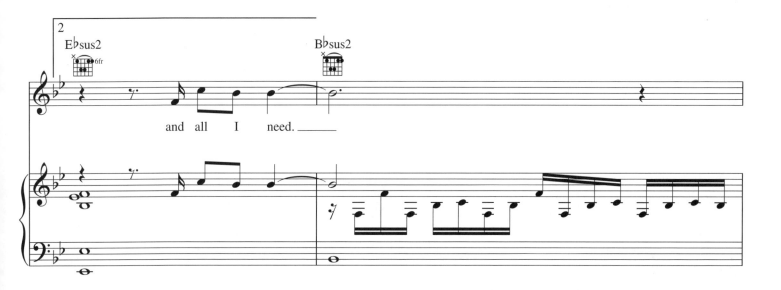

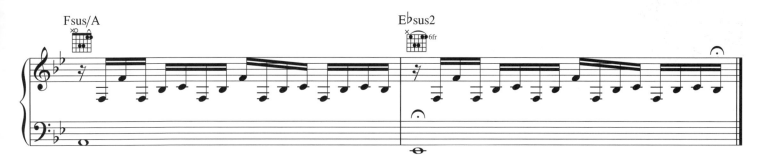

THE CLIMB
from HANNAH MONTANA: THE MOVIE

Words and Music by JESSI ALEXANDER
and JON MABE

lost with no ___ di - rec - tion; my faith is shak - en. But
I'm gon - na re - mem - ber most, yeah. Just got - ta keep go - ing. And

I, I got - ta keep try'n'; got - ta keep ___ my ___ head ___ held ___ high. ___
I, I got - ta be strong, just ___ keep ___ push - ing ___ on. ___

___ 'Cause, There's al - ways gon - na be an - oth - er moun - tain; ___
___ there's al - ways gon - na be an - oth - er moun - tain; ___

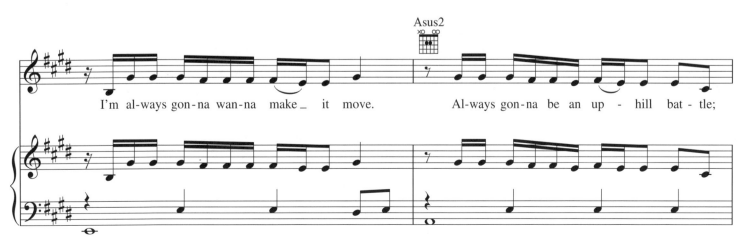

I'm al - ways gon - na wan - na make ___ it move. Al - ways gon - na be an up - hill bat - tle;

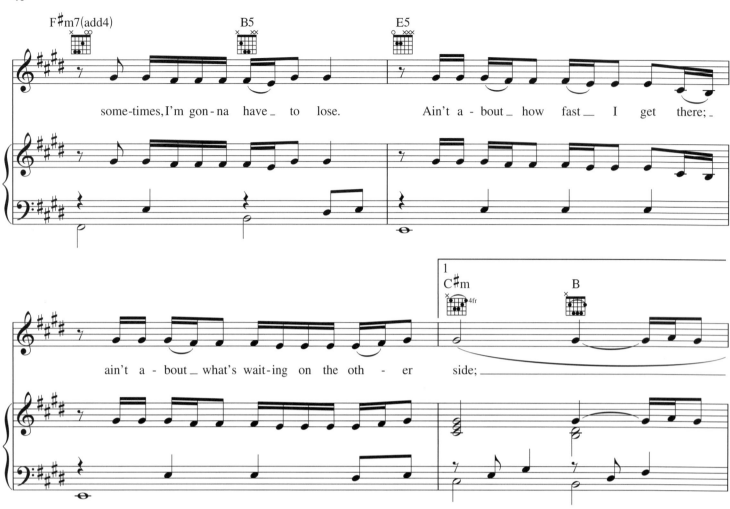

some-times, I'm gon-na have to lose. Ain't a-bout how fast I get there;

ain't a-bout what's wait-ing on the oth - er side; ____

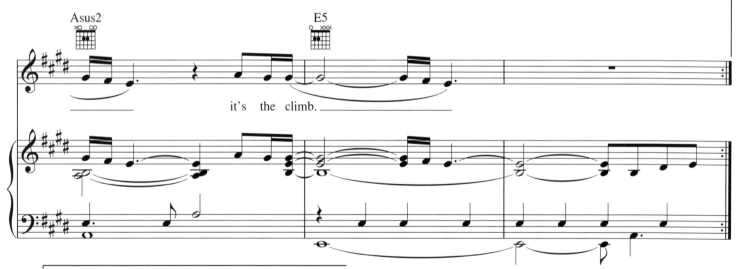

____ it's the climb. ____

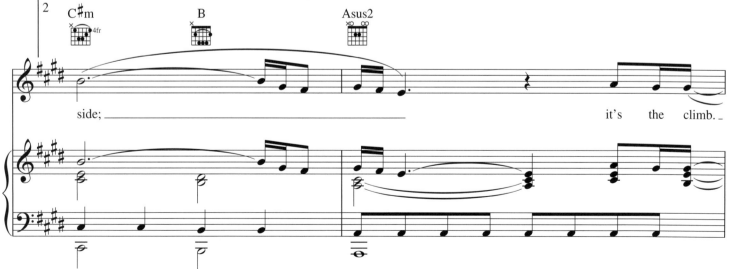

side; ____ it's the climb. _

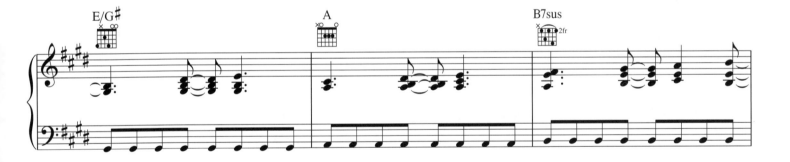

There's al-ways gon-na be an-oth - er moun-tain; I'm al-ways gon-na wan-na make it move.

ing,   keep climb - ing;   keep ____ the faith, _ ba - by. _____

It's all ____ a - bout, _ it's all ____ a - bout _ the climb. _

Keep ____ the faith, _ keep ____ your ____ faith. _

COME BACK TO ME

Words and Music by ZAC MALOY,
ESPEN LIND and AMUND BJORKLUND

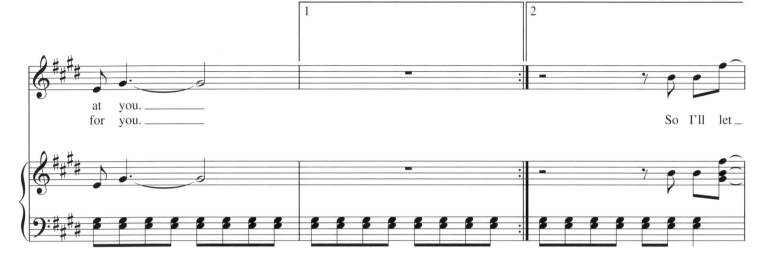

at you. ____

for you. ____ So I'll let __

__ you go, ____ I'll set ____ you free; ____ and when __

__ you see __ what you __ need to see, ____ when you __ find you, __

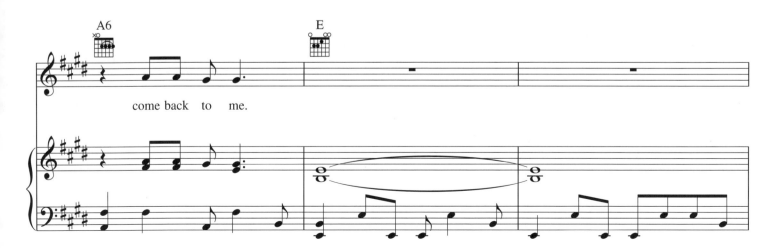

come back to me.

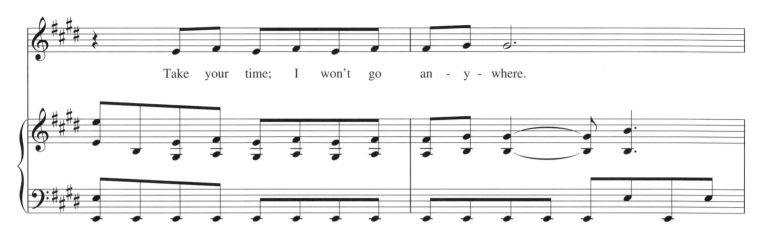

Take your time; I won't go an-y-where.

Emaj7

Pic - ture you ____ with the wind ____ in your hair. ____

Amaj7

I'll keep your things right ____ where you left 'em; I'll be here

A6

D#dim/A

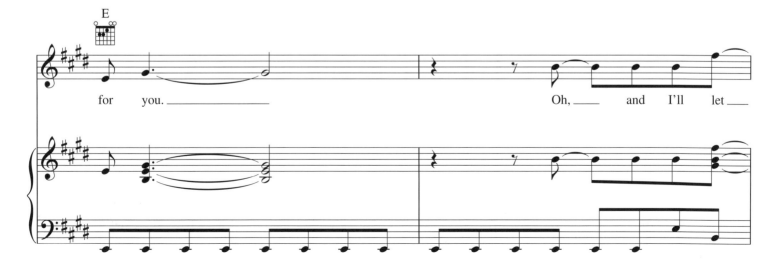

E

for you. ____

Oh, ____ and I'll let ____

you go, ___ I'll set ___ you free; ___ and when ___

you see ___ what you ___ need to see, ___ when you ___

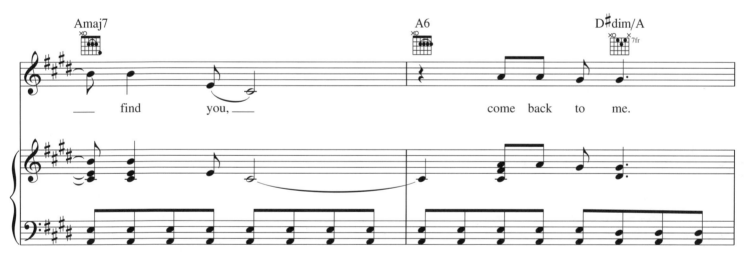

find you, ___ come back to me.

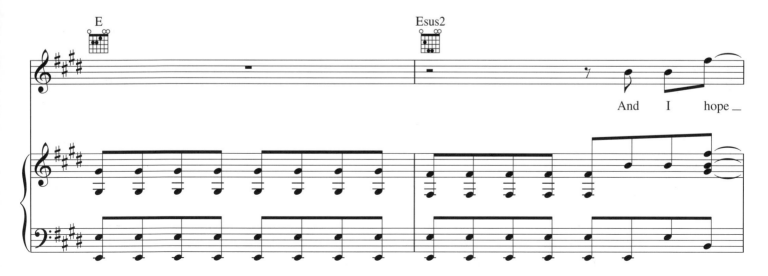

And I hope ___

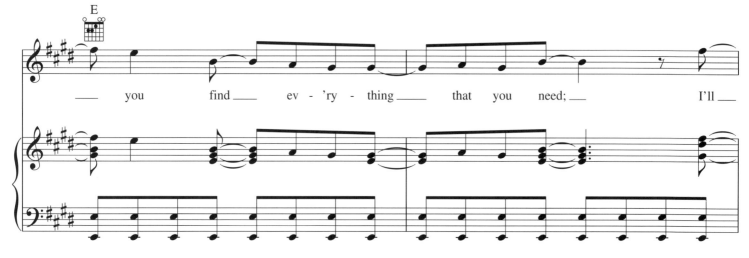

you find ev - 'ry - thing that you need; I'll

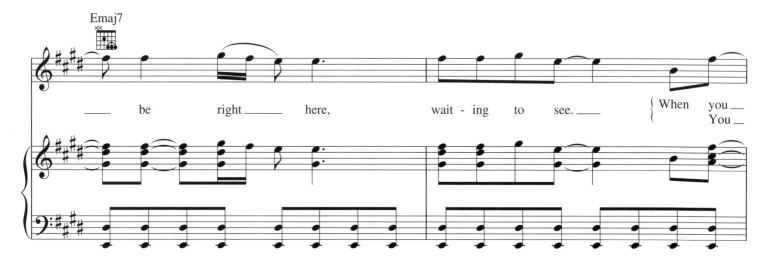

be right here, wait - ing to see. When you You

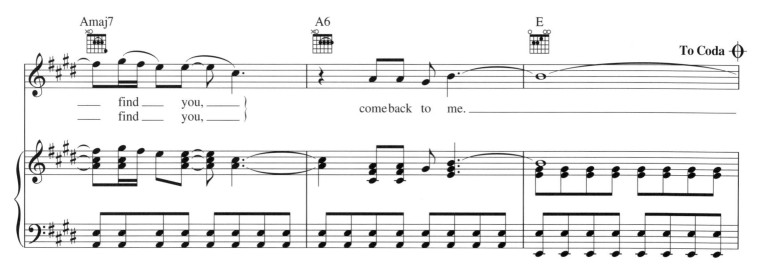

find you, come back to me.

find you,

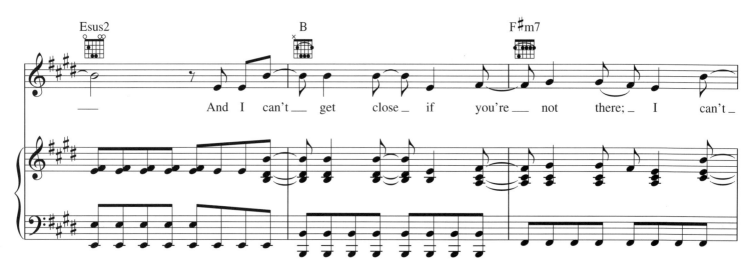

And I can't get close if you're not there; I can't

get in-side ___ if there's no ___ soul to bare. I ___ can't

fix you, ___ I ___ can't save you; ___ it's some-thing you'll have to do. ___

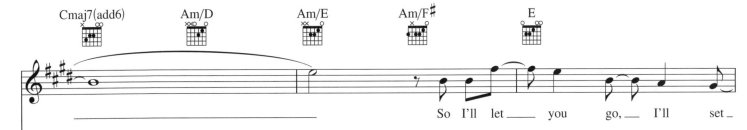

___ So I'll let ___ you go, ___ I'll set ___

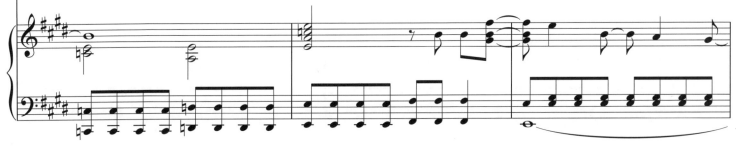

___ you free; ___ and when ___ you see ___ what you ___ need to see, ___ when you ___

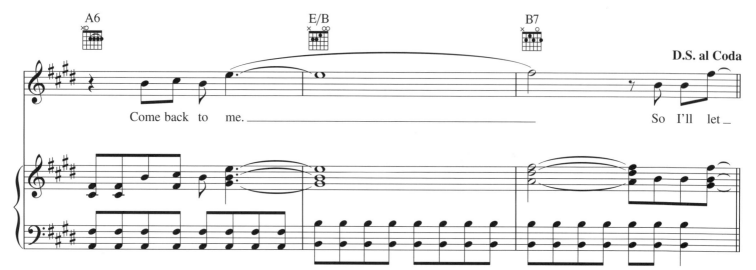

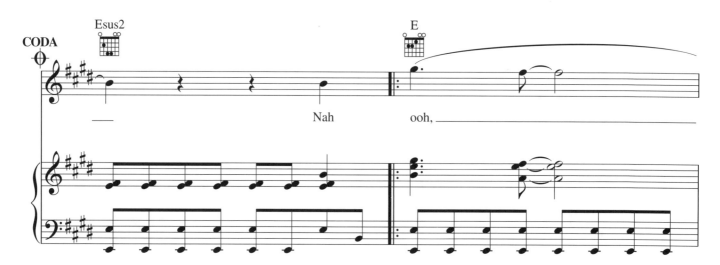

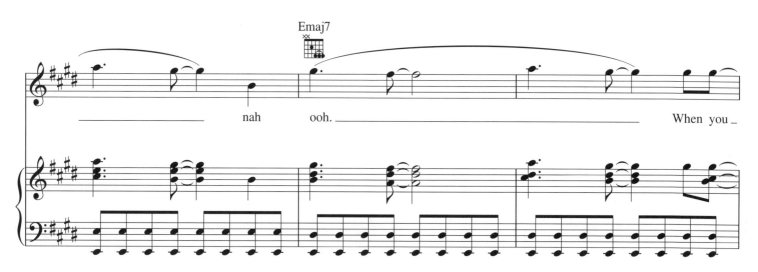

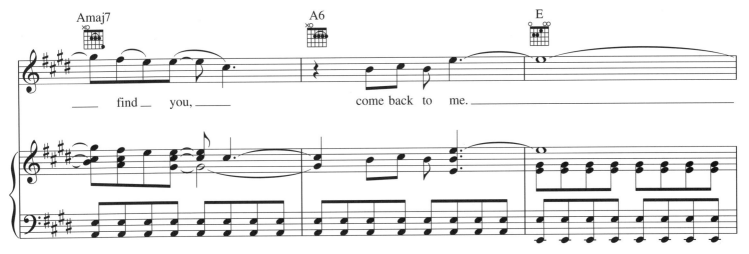

find you, come back to me.

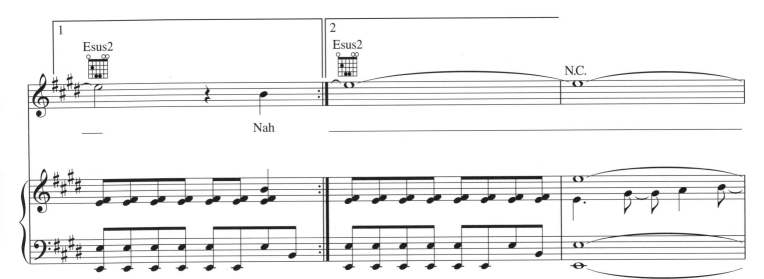

Nah

When you

find you, come back to me.

rit.

FIREFLIES

Words and Music by
ADAM YOUNG

Moderately, with a groove

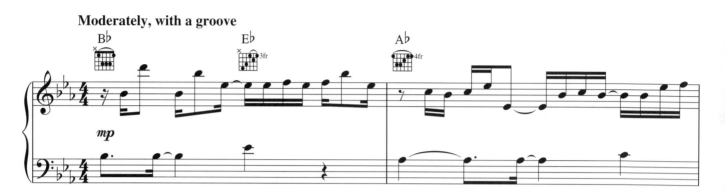

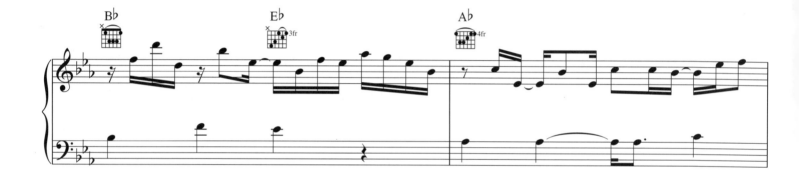

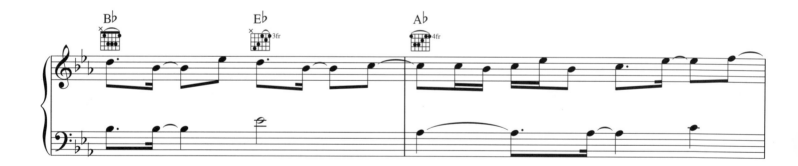

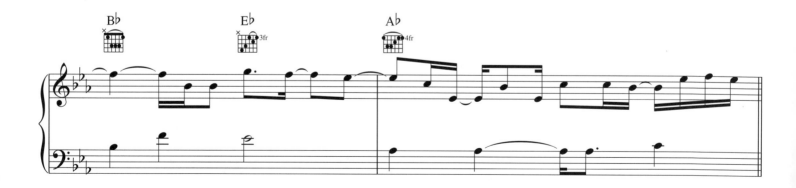

You would not be-lieve your eyes if ten mil-lion fire - flies

lit up the world as I fell a - sleep.

'Cause they'd fill the o - pen air and leave tear-drops ev-'ry - where. You'd think

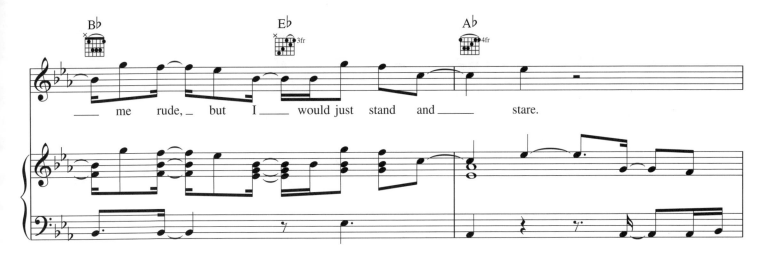

me rude, but I would just stand and stare.

I'd like to make __ my-self be-lieve __ that plan-et Earth __

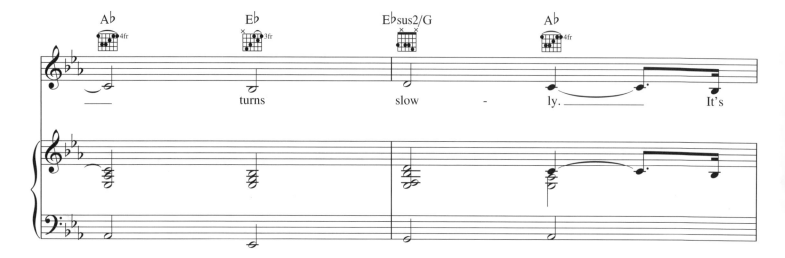

__ turns slow - ly. ____ It's

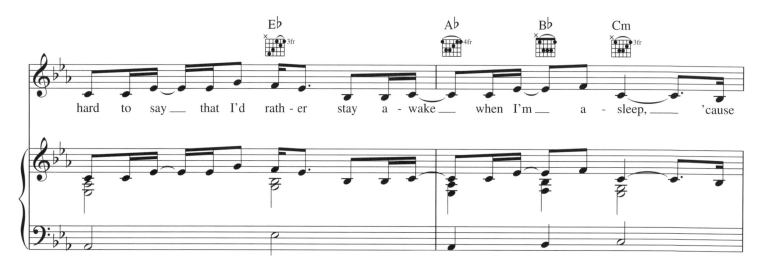

hard to say __ that I'd rath-er stay a-wake __ when I'm __ a-sleep, ____ 'cause

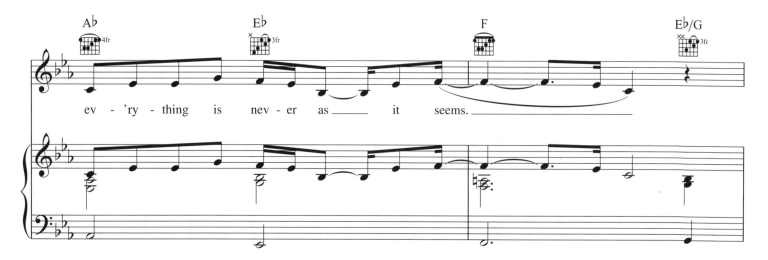

ev-'ry-thing is nev-er as ____ it seems. ____

I'd like to make _ my - self be - lieve _ that plan - et Earth _

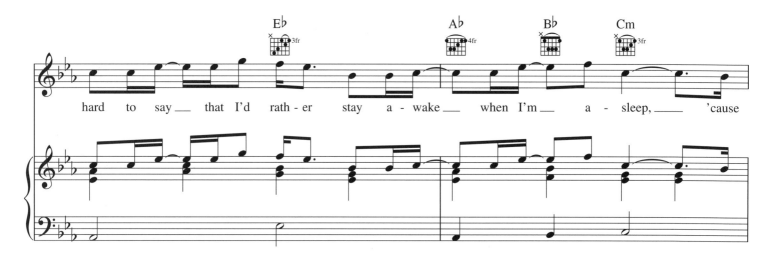

_ turns slow - ly. _ It's

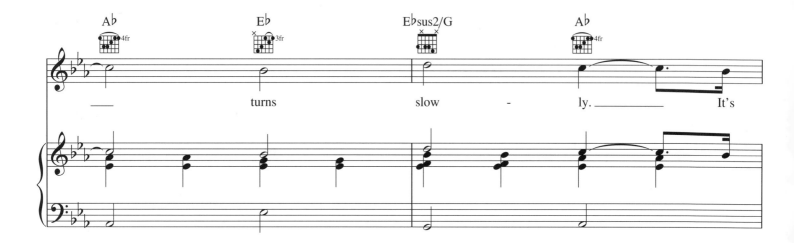

hard to say _ that I'd rath - er stay a - wake _ when I'm _ a - sleep, _ 'cause

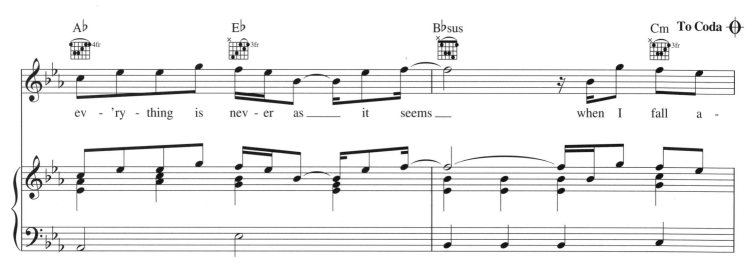

ev - 'ry - thing is nev - er as _ it seems _ when I fall a -

sleep. Leave my door o - pen just a crack, _

_ (Please take _ me a - way from here.) 'cause I feel like such an in - som - ni - ac. _

_ (Please take _ me a - way from here.) Why do I tire _____ of count - ing

sheep (Please take _ me a - way from here.) when I'm far too tired _ to fall a -

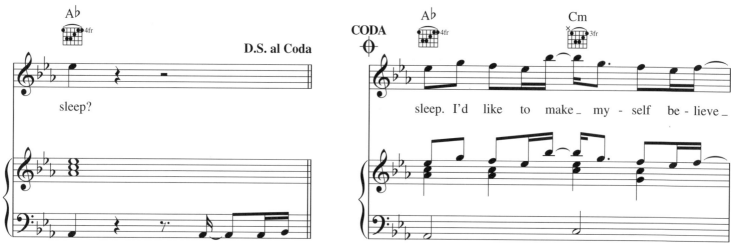

D.S. al Coda

sleep?

CODA

sleep. I'd like to make my-self be-lieve

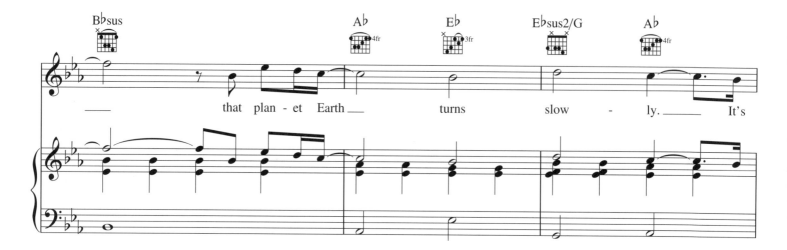

that plan-et Earth turns slow - ly. It's

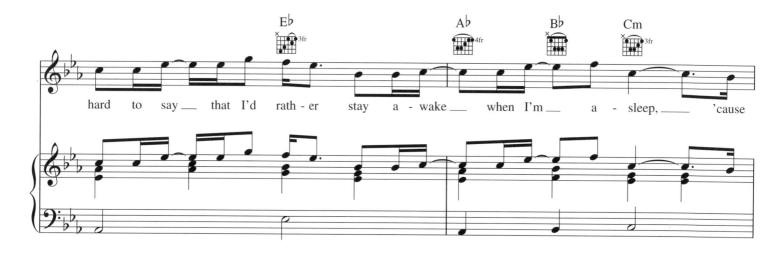

hard to say that I'd rath-er stay a-wake when I'm a - sleep, 'cause

ev-'ry-thing is nev-er as it seems when I fall a-

sleep. I'd like to make __ my - self be - lieve __ that plan - et Earth __ turns

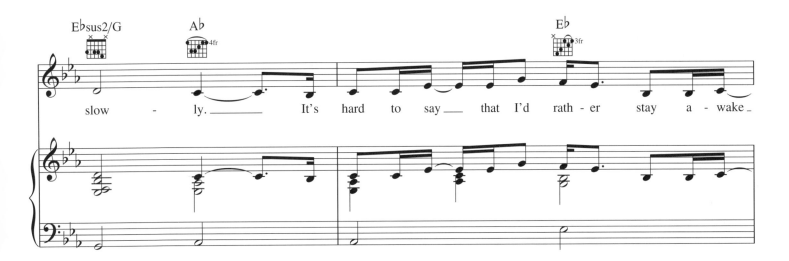

slow - ly. _____ It's hard to say __ that I'd rath - er stay a - wake __

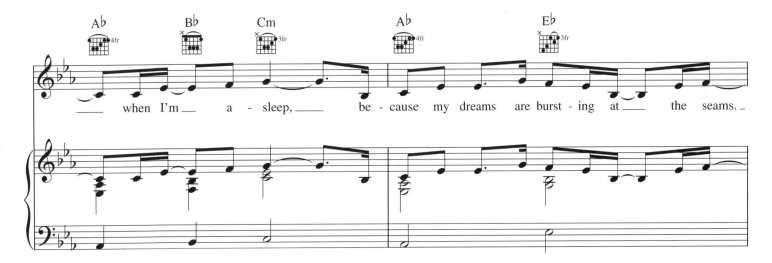

__ when I'm __ a - sleep, ____ be - cause my dreams are burst - ing at __ the seams. __

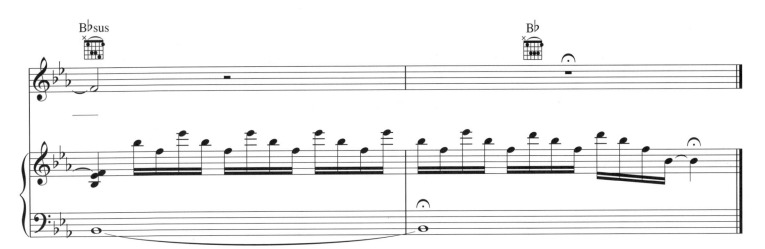

HER DIAMONDS

Words and Music by
ROB THOMAS

Moderately

"Oh, what the hell," she says, "I just can't win for los - in'."
Well, she sits down and stares in - to the dis - tance

And she lays back down.
and it takes all night.

Man, there's so man - y times I don't know what I'm do - in',
And I know I could break her con - cen - tra - tion,

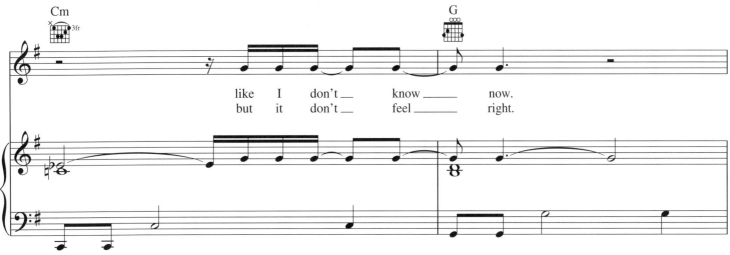

like I don't ___ know _____ now.
but it don't ___ feel _____ right.

By the light of the moon ___ she rubs ___ her eyes, ___ says it's fun - ny how the night can make ___ you blind. ___
By the light of the moon ___ she rubs ___ her eyes, ___ sits ___ down on the bed and starts ___ to cry. ___

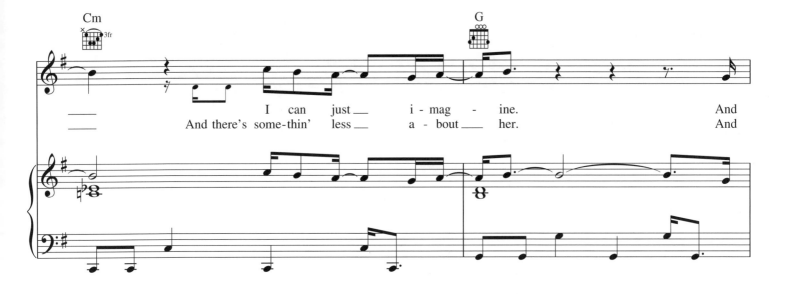

___ I can just ___ i - mag - ine. And
And there's some-thin' less ___ a - bout ___ her. And

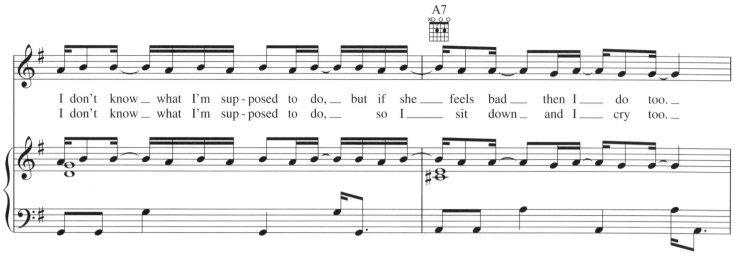

I don't know ___ what I'm sup-posed to do, ___ but if she ___ feels bad ___ then I ___ do too. ___
I don't know ___ what I'm sup-posed to do, ___ so I ___ sit down ___ and I ___ cry too. ___

So I let her be. ___
But don't let her see. ___   And she ___ says,

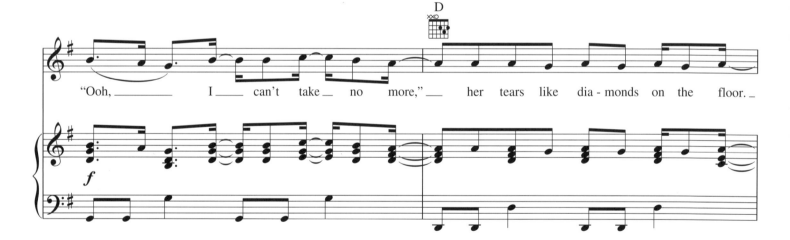

"Ooh, ___ I ___ can't take ___ no more," ___ her tears like dia-monds on the floor. ___

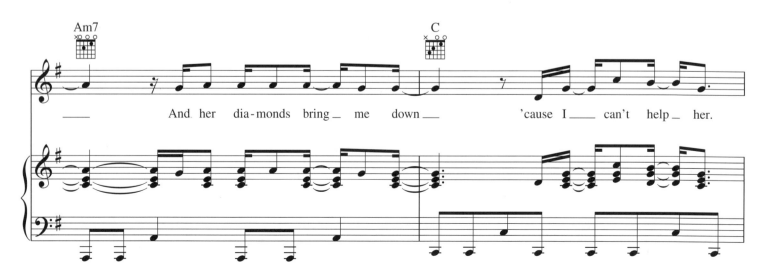

And her dia-monds bring ___ me down ___ 'cause I ___ can't help ___ her.

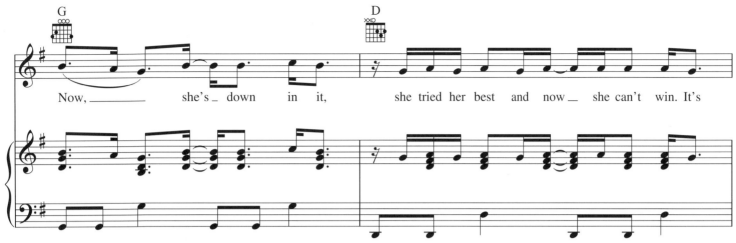

Now, _____ she's _ down in it, she tried her best and now _ she can't win. It's

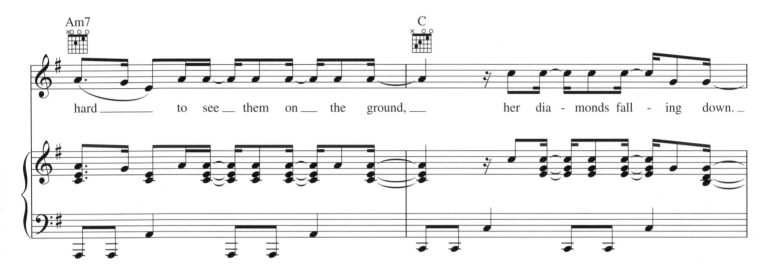

hard _____ to see _ them on _ the ground, _ her dia-monds fall-ing down. _

_ Way down. _

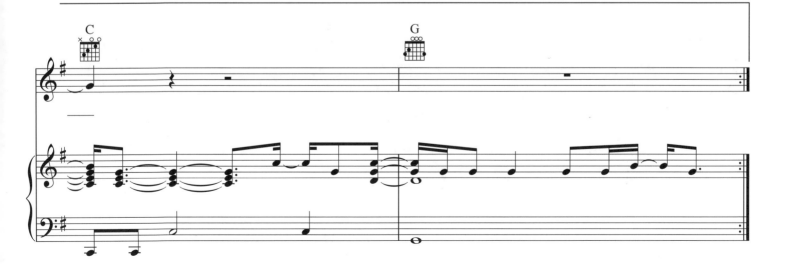

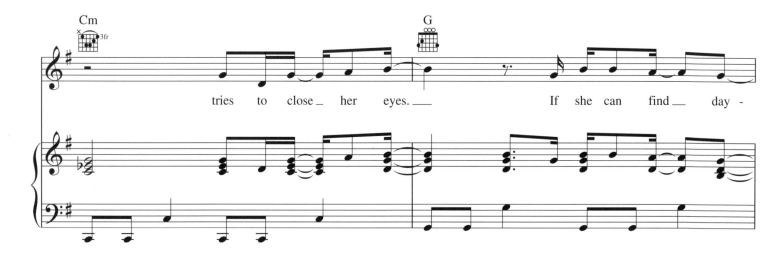

She shuts out ___ the night, ___

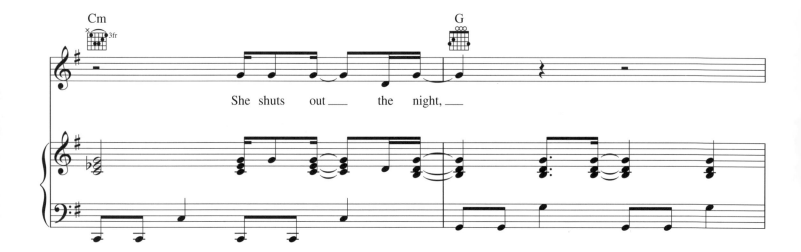

tries to close ___ her eyes. ___ If she can find ___ day-

-light ___ and then ___ she'll be ___ al - right. She'll be

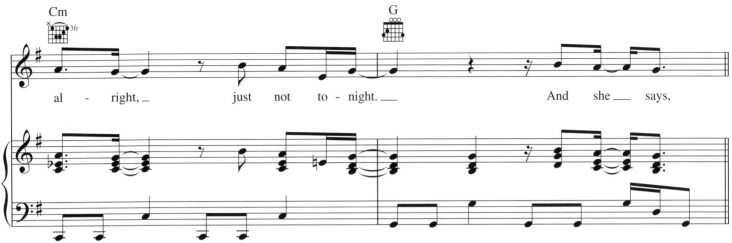

al - right, _ just not to - night. _ And she _ says,

"Ooh, _____ I ____ can't take _ no more," _ her tears like dia - monds on the floor. _

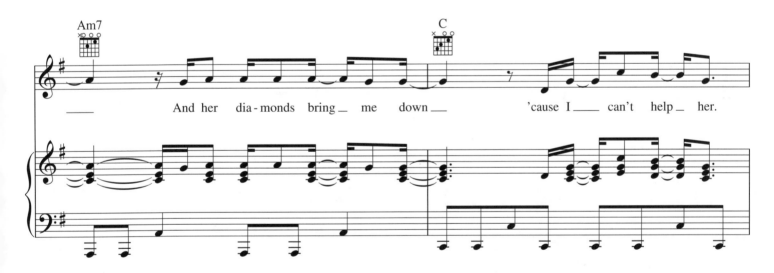

_____ And her dia - monds bring _ me down _ 'cause I ____ can't help _ her.

Now, _____ she's _ down in it, she tried her best and now _ she can't win. It's

dia - monds on ___ the floor. _____ No more, no

more. Dia - monds fall - ing down. _ I can't take _ these dia - monds fall - ing down. _

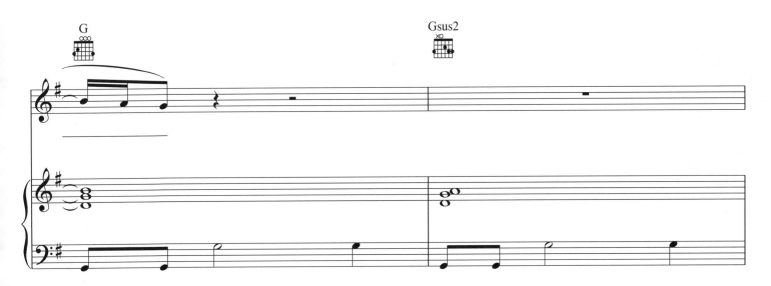

HERE WE GO AGAIN

Words and Music by LINDY ROBBINS,
MHER FILIAN and ISAAC HASSON

Moderately fast

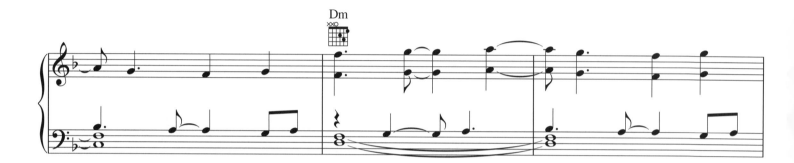

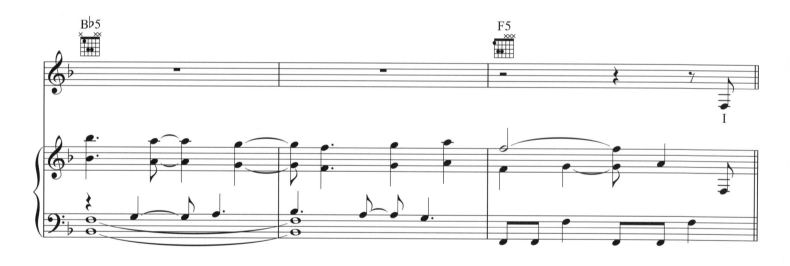

throw all of your stuff a - way,   then I clear you out of __ my head. __
nev - er know what _ you want   and you nev - er say what _ you mean, __

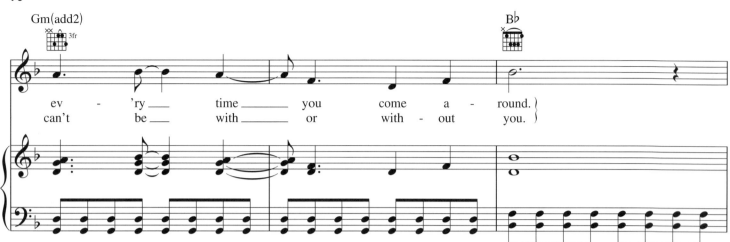

ev - 'ry ___ time ___ you come a - round.
can't be ___ with ___ or with - out you.

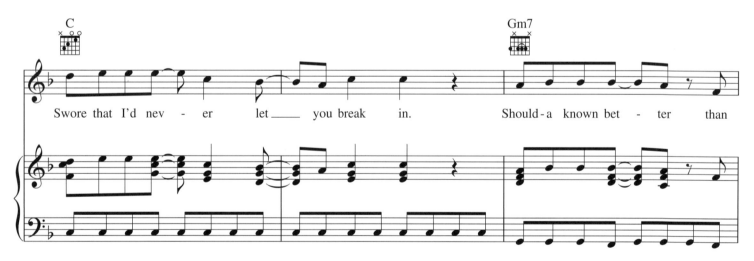

Oh, ___ oh. ___ So how did you get ___ here un - der my skin?

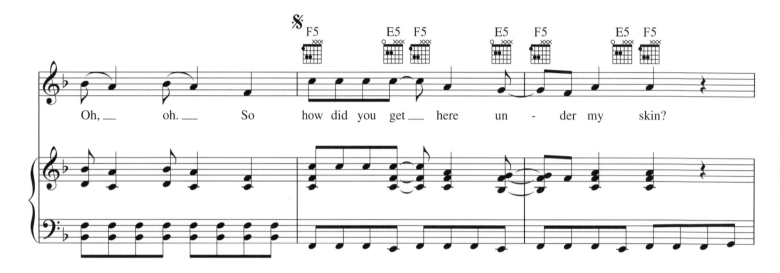

Swore that I'd nev - er let ___ you break in. Should-a known bet - ter than

try - ing to let ___ you go, 'cause here ___ we go and go and go a - gain.

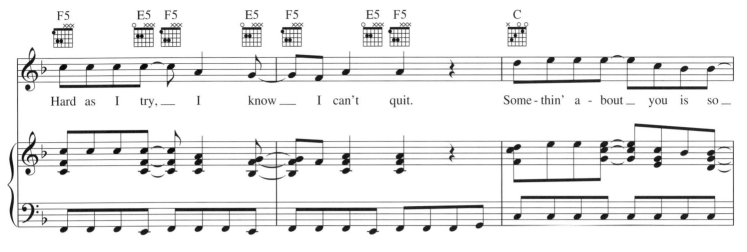

Hard as I try, ___ I know ___ I can't quit. Some-thin' a-bout ___ you is so ___

___ ad - dic - tive. We're fall - ing to - geth - er; you'd think that by now ___ I'd

To Coda

know, 'cause here ___ we go and go and go a - gain. _____ You

and go and go a - gain. _____

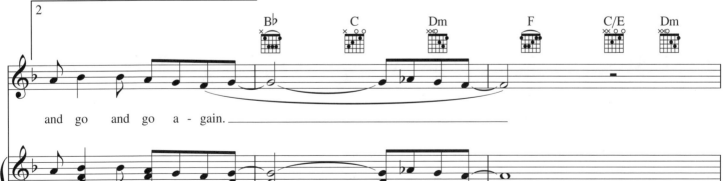

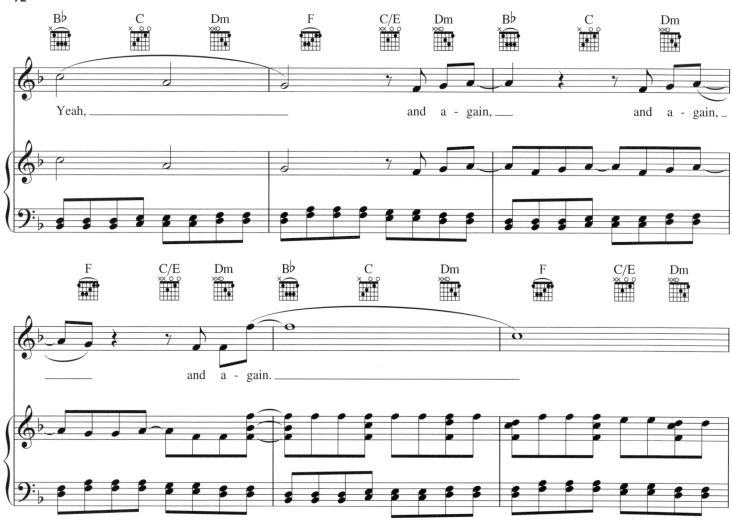

Yeah, _____ and a - gain, ___ and a - gain, _

and a - gain. _____

I threw all of your stuff a - way _____ and I

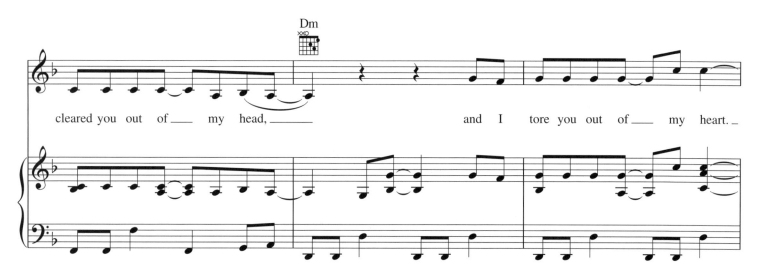

cleared you out of ___ my head, _____ and I tore you out of ___ my heart. _

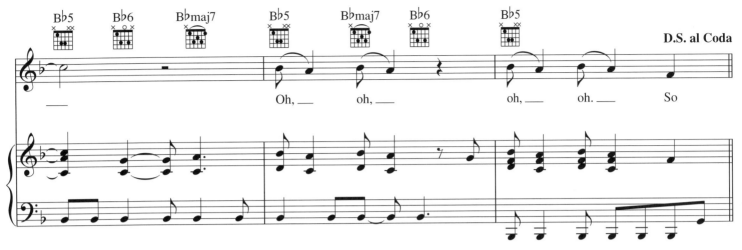

D.S. al Coda

Oh, ___ oh, ___ oh, ___ oh. ___ So

know, 'cause here ___ we go, go, here we go a-

gain, ___ here we go a-gain. ___

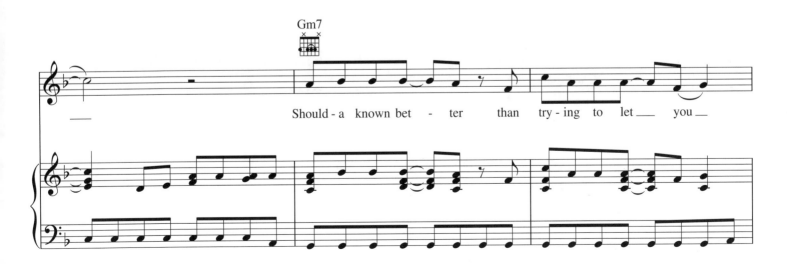

Should-a known bet-ter than try-ing to let ___ you ___

go, 'cause here _____ we go, go, go a - gain. _____

A - gain, _____ and _____ a - gain. _____
(A - gain _____ and _____ a - gain _____ and a - gain.) _____ (A - gain _____

_____ and a - gain _____ and a - gain _____ and a - gain _____ and a - gain _____ and a - gain _____ and a - gain _____

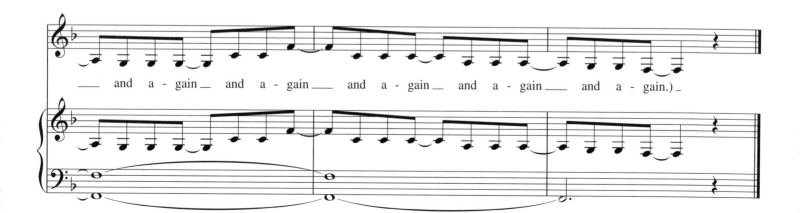

_____ and a - gain _____ and a - gain _____ and a - gain _____ and a - gain _____ and a - gain.) _____

KISS A GIRL

Words and Music by MONTY POWELL
and KEITH URBAN

Medium Country/Rock

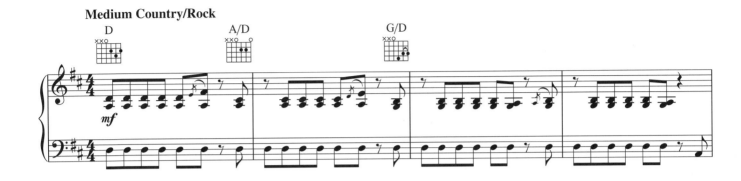

T - to kiss and tell,
It's that mo - ment when

it's just not my style,
you start clos - ing in;

but the night is young,
first, you're hold - ing back,

and it's been a while._____ And she broke my heart;
then sur - ren - der - ing._____ It can start a fire

broke it right in two.
and light up the sky.

it could turn _____ in - to the rest _____ of our _____

_____ lives. _____ Oh, yeah. _____ Are you read - y? _____ Are you read -
(Are you read - y?

y _____ to cross _____ that _____ line, _____ put your lips _____ on mine? _____
Are you read - y?)

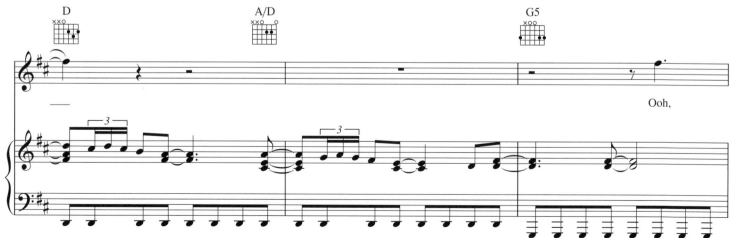

Ooh,

HEY, SOUL SISTER

Words and Music by PAT MONAHAN,
ESPEN LIND and AMUND BJORKLAND

Moderately

Hey, _____ hey, _____ hey! _____

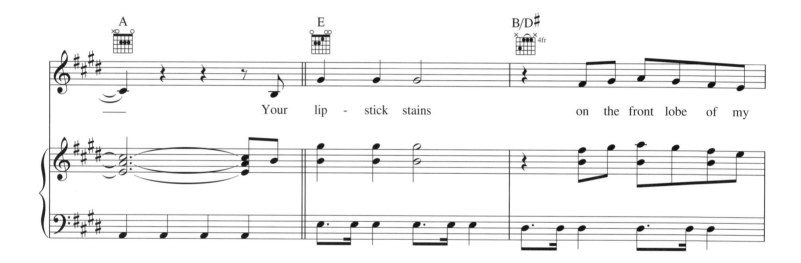

Your lip - stick stains _____ on the front lobe of my

left - side brains. I knew _ I would - n't for - get ya, and so I went and

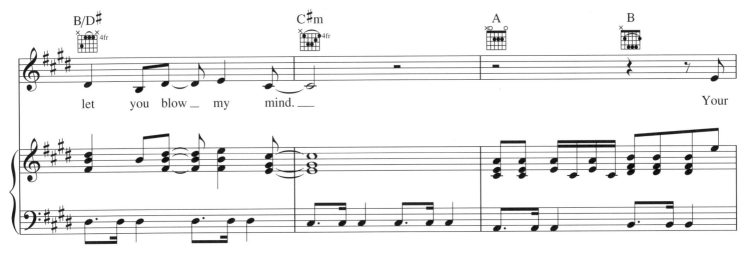

let you blow my mind. Your

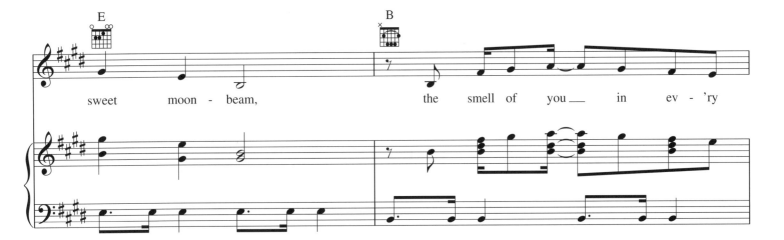

sweet moon-beam, the smell of you in ev-'ry

sin - gle dream I dream, I knew when we col-lid-

-ed you're the one I have de-cid-ed who's one of my kind.

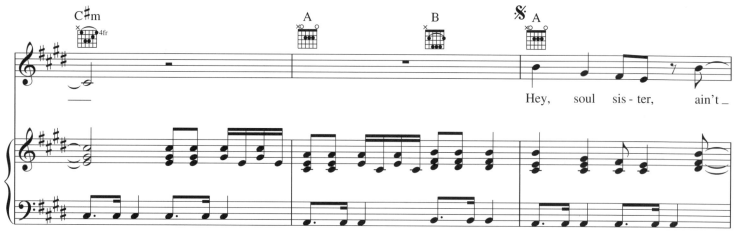

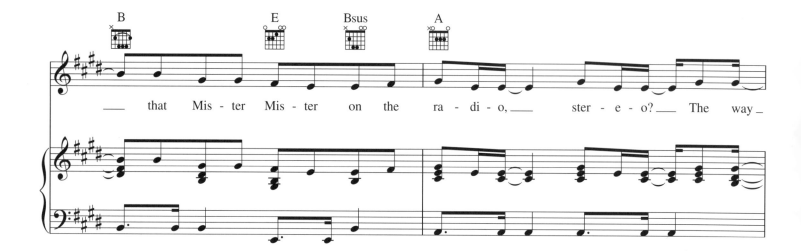

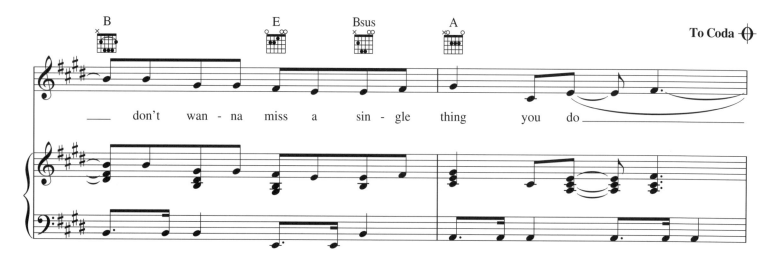

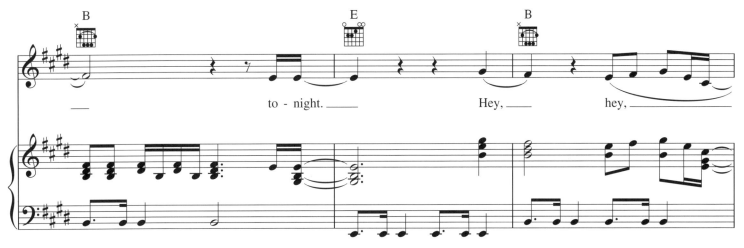

to - night. _____ Hey, _____ hey, _____

hey! _____

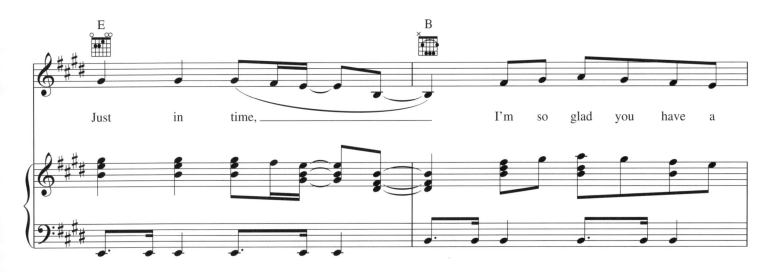

Just in time, _____ I'm so glad you have a

one - track mind like _____ me. _____ You gave my life di - rec -

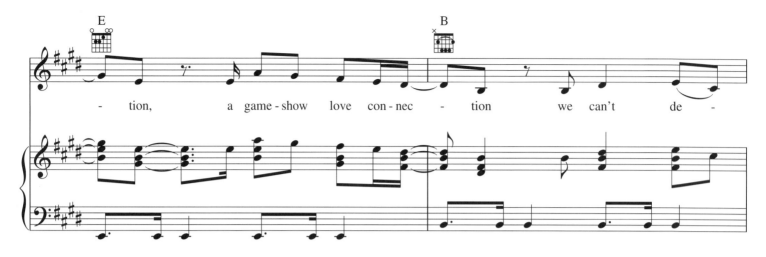

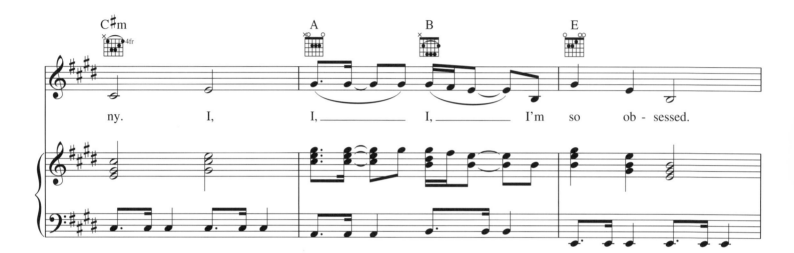

-na, and I'm al - ways gon - na wan - na blow___ your mind.____

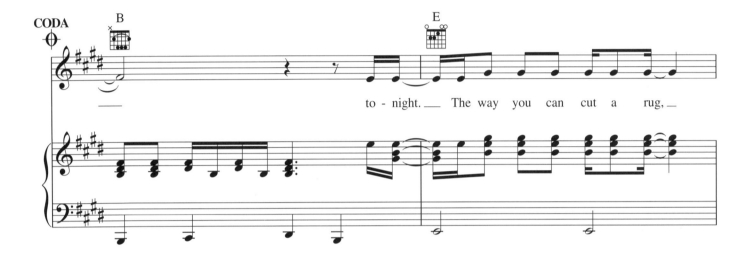

CODA

___ to - night.___ The way you can cut a rug,___

watch - ing you's___ the on - ly drug___ I need.___ Some gang - sta, I'm___ so thug,___ you're the

on - ly one___ I'm dream - ing of. You see,___ I can be my - self___ now fi - nal - ly.___

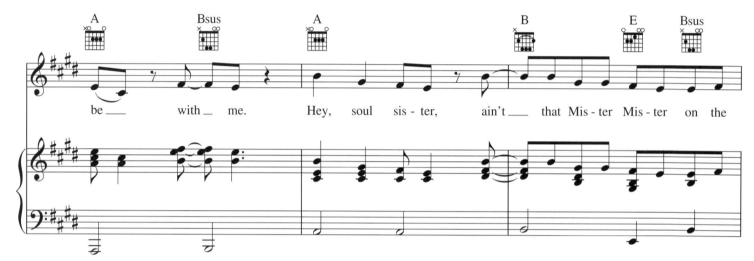

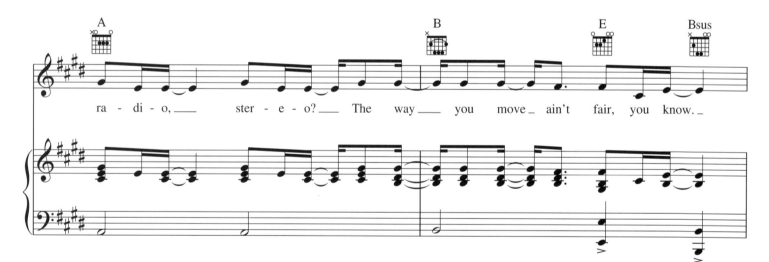

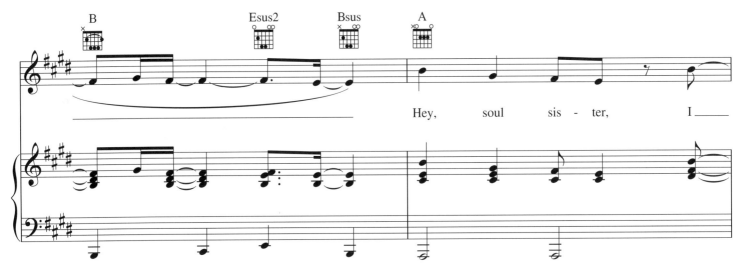

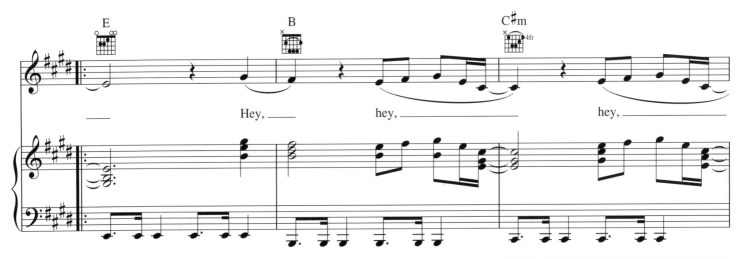

LIFE AFTER YOU

Words and Music by CHRIS DAUGHTRY,
BRETT JAMES, CHAD KROEGER
and JOEY MOI

wrong, but you al - read - y know. _____ Be - lieve me, I won't _____ stop at noth - in' ___
and just wast - in' __ my time. _____ Oh, why did I _____ ev - er doubt _ you? _

to see you. So I've ___ start - ed run - nin'. __
You know I would die ___ here with - out you. _ } All that I'm af - ter ____ is a

life full of laugh - ter ___ as long as I'm laugh - in' with you. _____ And I'm think - in' that

all that still mat - ters is love ev - er af - ter, af - ter the life _ we've been through. _

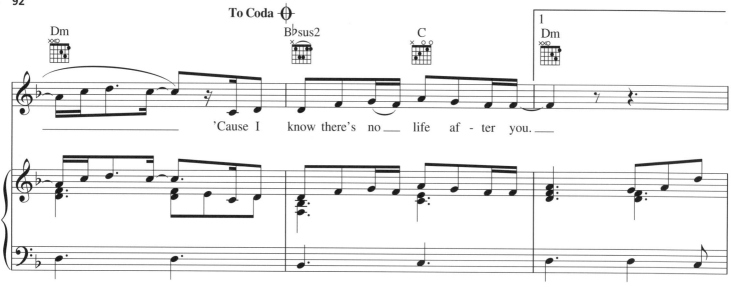

To Coda ⊕

'Cause I know there's no __ life af - ter you. __

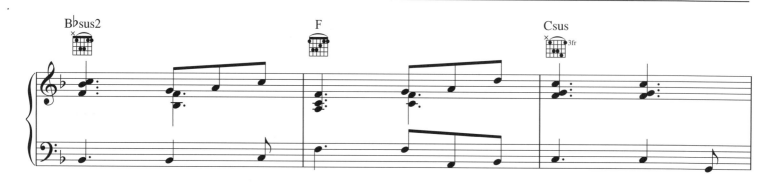

You and I, right or wrong, __ there's no __ oth - er one.

Af - ter this time __ spent a - lone, __ it's hard to be - lieve that a man with sight could be so blind. __

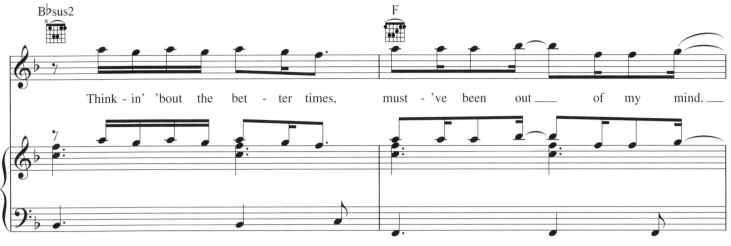

Think - in' 'bout the bet - ter times, must - 've been out ___ of my mind. ___

___ So I'm run - nin' back to tell you: All that I'm af - ter ___ is a

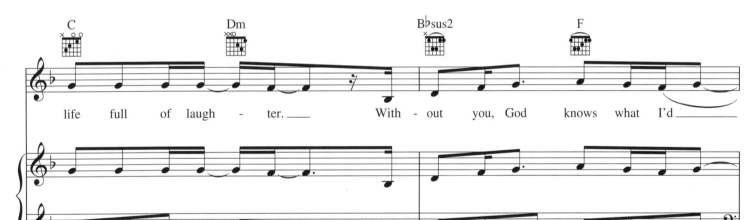

life full of laugh - ter. ___ With - out you, God knows what I'd ___

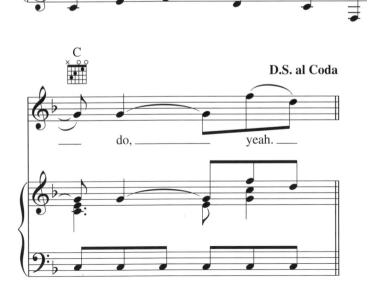

___ do, ___ yeah. ___

CODA

D.S. al Coda

know there's no ___ life af - ter you, ___

Know there's no   life af - ter you, ____   know there's no   life af - ter you, ____

know there's no ___ life af - ter you, _____

know there's no ___ life af - ter you, ____   know there's no   life af - ter you, ____

know there's no ___ life af - ter you. ____

know there's no   life af - ter you, ____   yeah. _____

REPLAY

Words and Music by JONATHAN ROTEM,
KISEAN ANDERSON, JASON DESROULEAUX,
THERON THOMAS, TIMOTHY THOMAS
and KEIDRAN JONES

Moderately fast, in 2

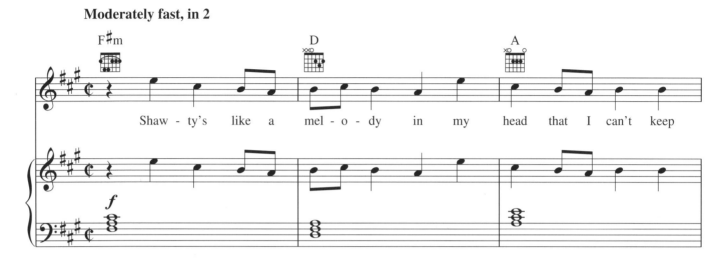

Shaw - ty's like a mel - o - dy in my head that I can't keep

out; got me sing - in' like, "Na, na, na, na," ev - er - y day. ___ It's like my

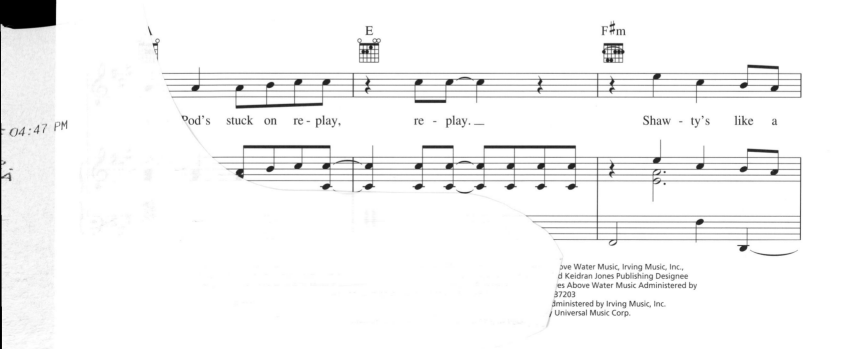

'Pod's stuck on re - play, re - play. ___ Shaw - ty's like a

mel - o - dy in my head that I can't keep out; got me sing - in' like,

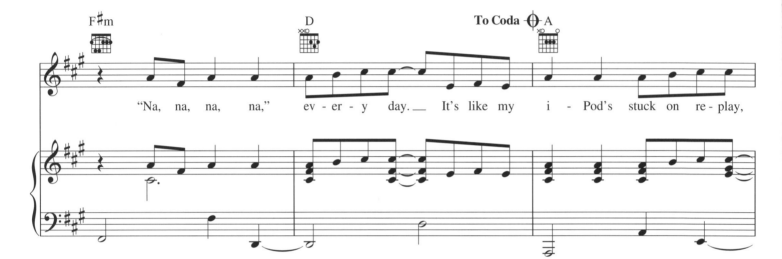

"Na, na, na, na," ev - er - y day. __ It's like my i - Pod's stuck on re - play,

re - play. Re - mem - ber the first time we met? __ You was at __
        See you've been __ all a - round the globe; __ not __

__ the mall wit' yo friends. __   I was scared to ap - proach ya, but
once __ did you leave my mind. __   We talk on the phone __ from

then you came clos - er. Hop - in' you would give me a chance. ___
night ___ 'til the morn. ___ Girl, you real - ly change my life. ___

Who would have ev - er knew ___ that we would ev - er be more than
Do - in' things I nev - er do: ___ I'm in the kitch - en cook - in' things she

friends?) We're real world - wide, break - in' all the rules. {She like a
likes. } Some -

song played a - gain and a - gain.} (That girl), li' Some -
day I wan - na make you my wife.}

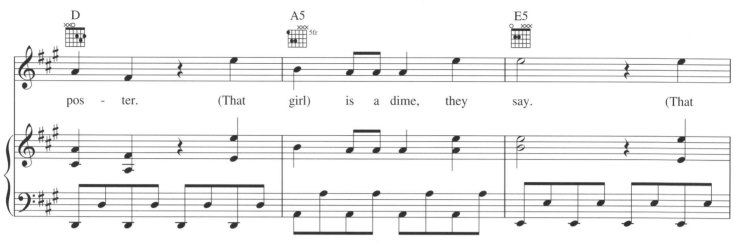

pos - ter. (That girl) is a dime, they say. (That

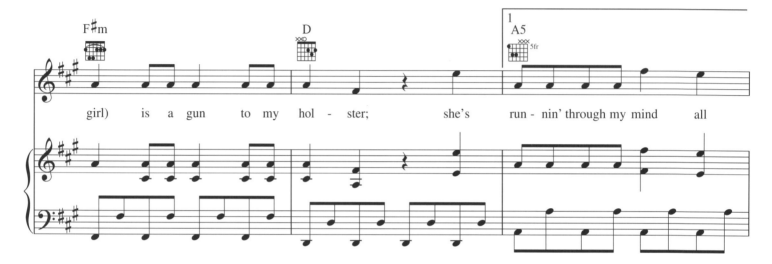

girl) is a gun to my hol - ster; she's run - nin' through my mind all

day. ___ Ay. run - nin' through my mind all day. ___ Ay.

D.C. al Coda

i - Pod's stuck on re - play, re - play. ___ I can be your

fan - ta - sies. So come, ba - by girl, let's sing with me. Ay.

(Na, na, na, ___ na, na, ___ na, na, ___ na, na, ___ na, na, ___ na, na.)

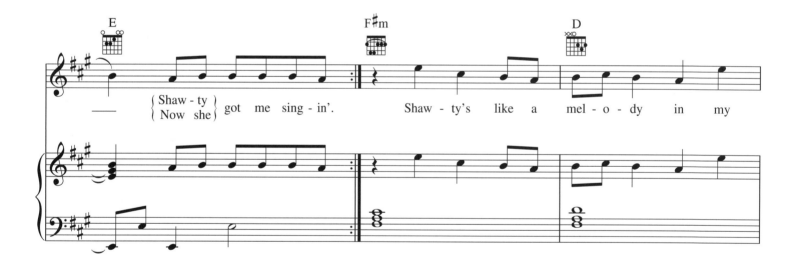

{ Shaw - ty }
{ Now she } got me sing - in'. Shaw - ty's like a mel - o - dy in my

head that I can't keep out; got me sing - in' like, "Na, na, na, na,"

ev - er - y day. __ It's like my i - Pod's stuck on re - play, re - play. __

Shaw - ty's like a mel - o - dy in my head that I can't keep

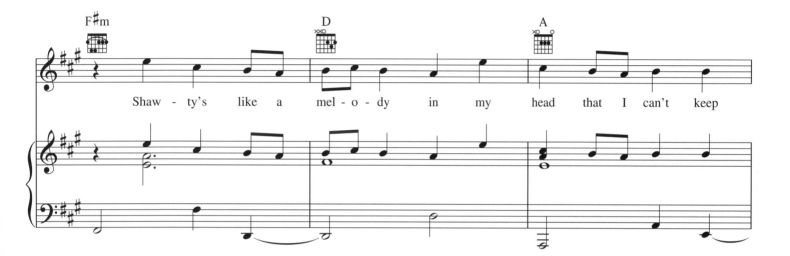

out; got me sing - in' like, "Na, na, na, na," ev - er - y day. __ It's like my

i - Pod's stuck on re - play, re - play. __

NEW DIVIDE

featured in the DreamWorks and Paramount Motion Picture
TRANSFORMERS: REVENGE OF THE FALLEN

Words and Music by MIKE SHINODA,
JOE HAHN, BRAD DELSON,
ROB BOURDON, CHESTER BENNINGTON
and DAVE FARRELL

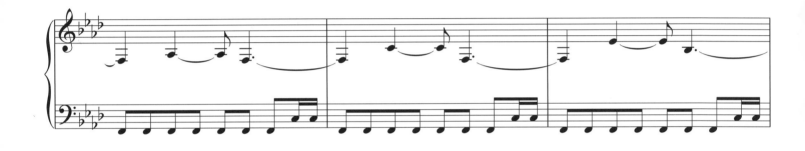

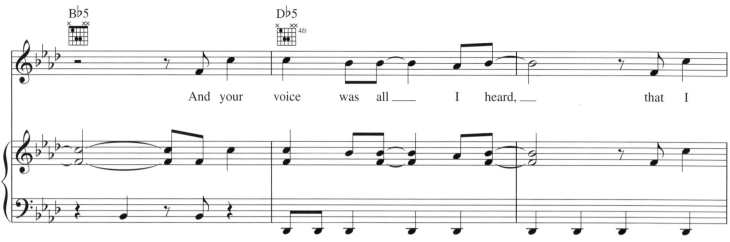

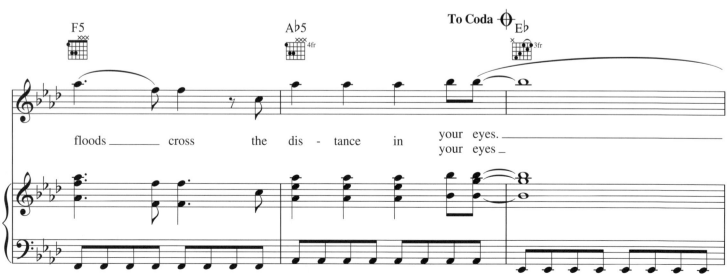

F5   **Ab5**

Give me rea - son to fill this hole, con-

Eb   **Bb5**   **Db5**

nect the space ___ be - tween. ___ Let it be e - nough ___ to reach ___

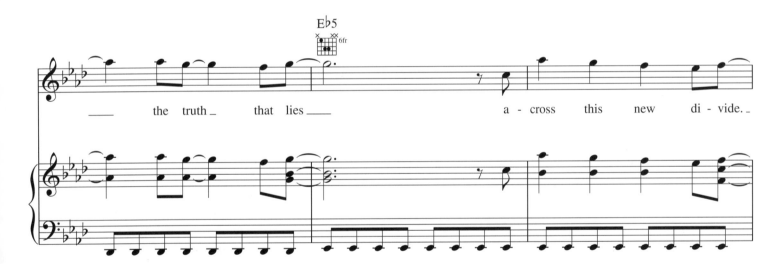

Eb5

___ the truth ___ that lies ___ a - cross this new di - vide. ___

F5   **Eb**   **Bb5**

D.S. al Coda

There was

a - cross this new di - vide.

In ev - 'ry

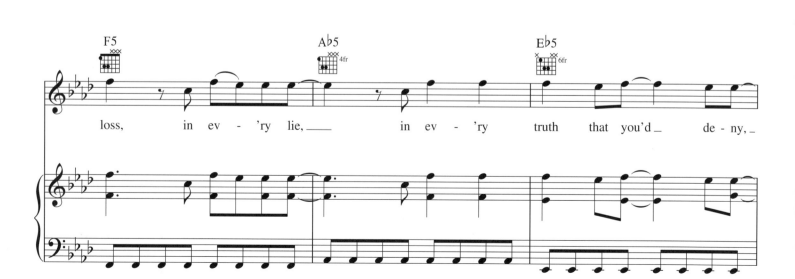

loss, in ev - 'ry lie,___ in ev - 'ry truth that you'd___ de - ny,___

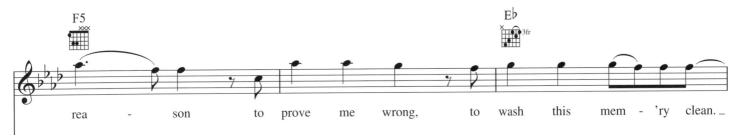

Let the floods _____ cross the dis - tance in your eyes. _

Give me rea - son to

fill this hole, con - nect the space _____ be - tween. _ Let it

be e - nough _ to reach _ the truth _ that lies _____ a -

cross this new di - vide, _____

a - cross this new di - vide, _ cross this new di - vide. _

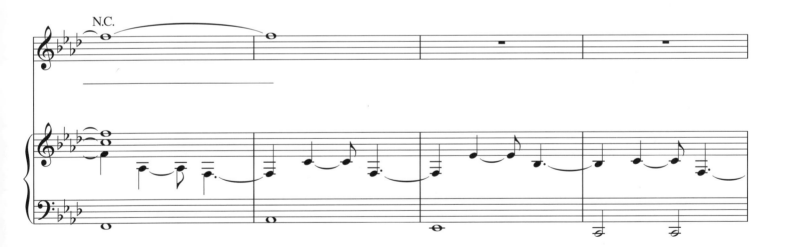

OBSESSED

Words and Music by MARIAH CAREY,
CHRISTOPHER STEWART and TERIUS NASH

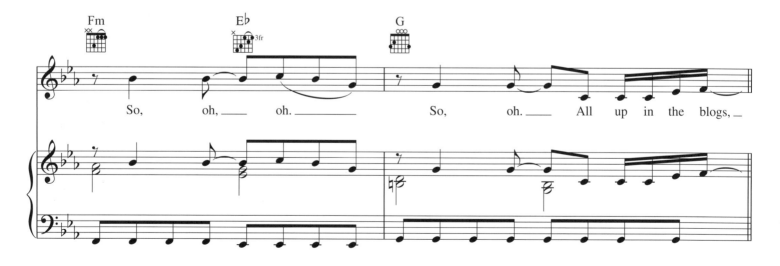

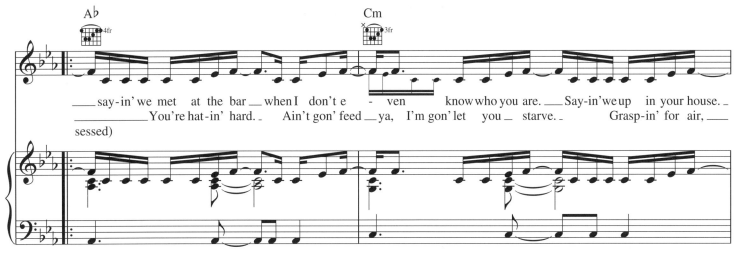

Ab   Cm

____say-in' we met at the bar ____ when I don't e - ven ____ know who you are. ____ Say-in' we up in your house. ____
_____ You're hat-in' hard. __ Ain't gon' feed __ ya, I'm gon' let you __ starve. __ Grasp-in' for air, ____
sessed)

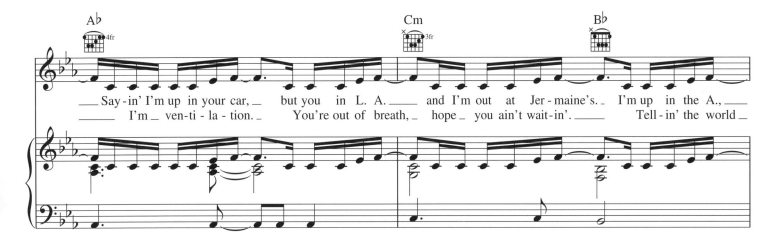

Ab   Cm   Bb

____ Say-in' I'm up in your car, ____ but you in L. A. ____ and I'm out at Jer-maine's. __ I'm up in the A., ____
____ I'm __ ven-ti - la - tion. __ You're out of breath, __ hope __ you ain't wait-in'. ____ Tell - in' the world __

Ab   Cm

____ you're so, so lame __ and no one here __ e-ven men-tions your name. __ It must be the weed. __
____ how much you miss me, __ but we nev - er were. So __ why you trip-pin'? __ You're a mom and pop, ____

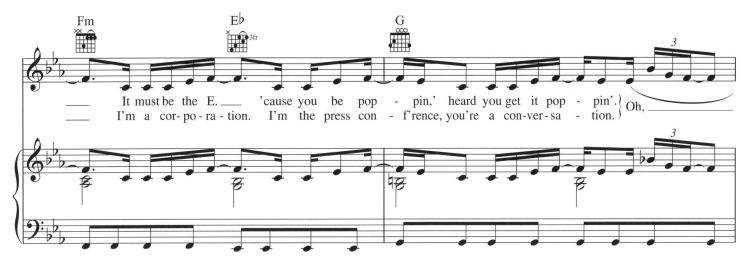

Fm   Eb   G

____ It must be the E. ___ 'cause you be pop - pin,' heard you get it pop-pin'.⎫ Oh, ____
____ I'm a cor-po-ra-tion. I'm the press con - f'rence, you're a con-ver-sa - tion.⎭

*(Hey, he's all up in my George Fore-man) why you so ob-sessed with me? Boy, I wan-na

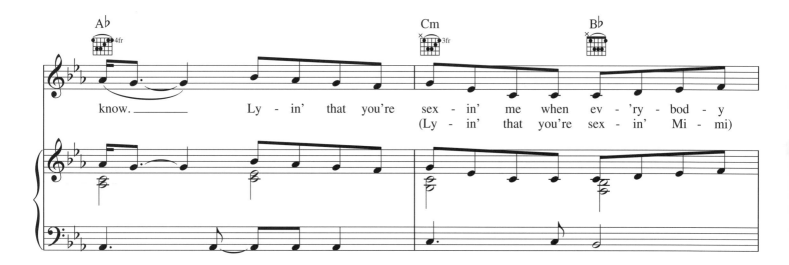

know. _____ Ly - in' that you're sex - in' me when ev - 'ry - bod - y
(Ly - in' that you're sex - in' Mi - mi)

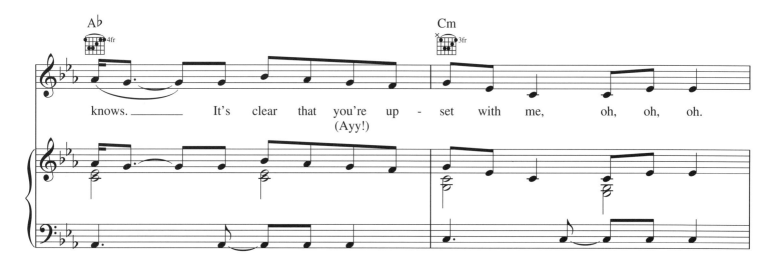

knows. _____ It's clear that you're up - set with me, oh, oh, oh.
(Ayy!)

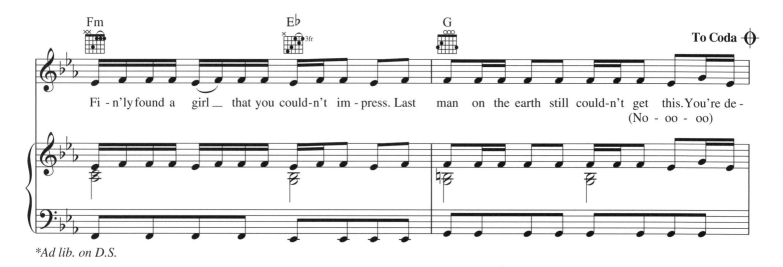

Fi - n'ly found a girl _ that you could-n't im - press. Last man on the earth still could-n't get this. You're de-
(No - oo - oo)

*Ad lib. on D.S.

lu - sion - al, you're de - lu - sion - al. Boy, you're los - in' your mind. _____ It's con-

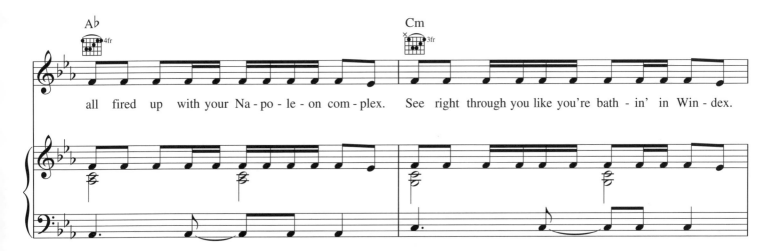

fus - in', yo. You're con - fused, ya know. Why you wast - in' your time? _____ Got you

all fired up with your Na - po - le - on com - plex. See right through you like you're bath - in' in Win - dex.

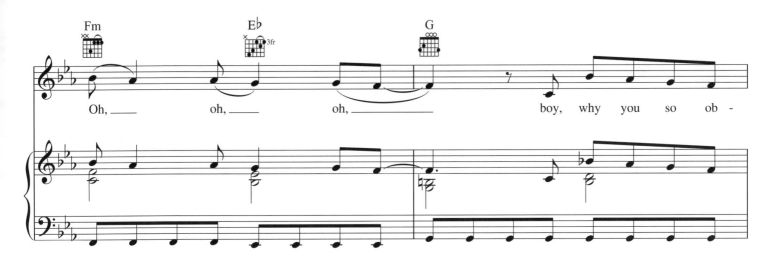

Oh, _____ oh, _____ oh, _____ boy, why you so ob -

sessed with me? So, oh, oh. _____ So, oh, oh (and all my la - dies say). (Ob -

So, oh, _____ oh. _____ So, oh, oh (and all my girls say). _____ (Ob -

sessed) (Ob -

Uh uh uh uh uh uh uh uh uh uh. Uh uh uh uh uh uh uh uh uh uh. (Ob -

sessed) (Ob - sessed) (Ob -

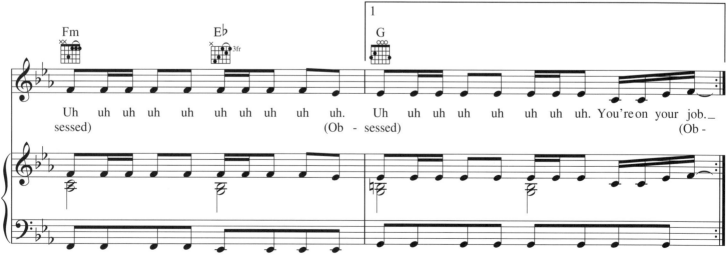

Uh uh uh uh uh uh uh uh uh uh. Uh uh uh uh uh uh uh uh uh. You're on your job. _ (Ob -

sessed) (Ob - sessed) (Ob -

PARTY IN THE U.S.A.

Words and Music by JESSICA CORNISH,
LUKASZ GOTTWALD and CLAUDE KELLY

Moderate Pop

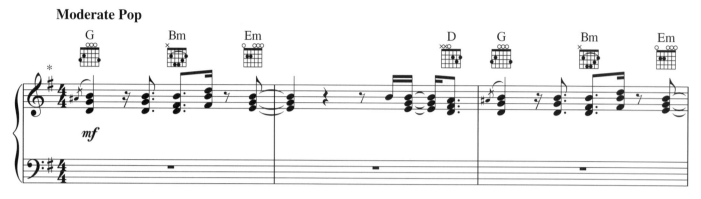

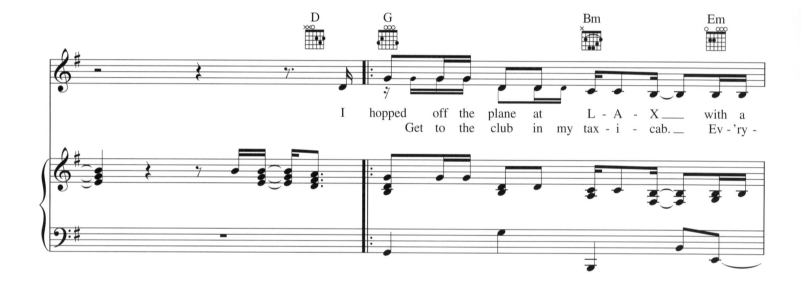

I hopped off the plane at L-A-X___ with a
Get to the club in my tax-i-cab.___ Ev-'ry-

dream and my car-di-gan. ___ Wel-come to the land of fame, ex-cess. ___
bod-y's look-in' at me now, ___ like, "Who's that chick that's rock-in' kicks? ___ She's

* Recorded a half step lower.

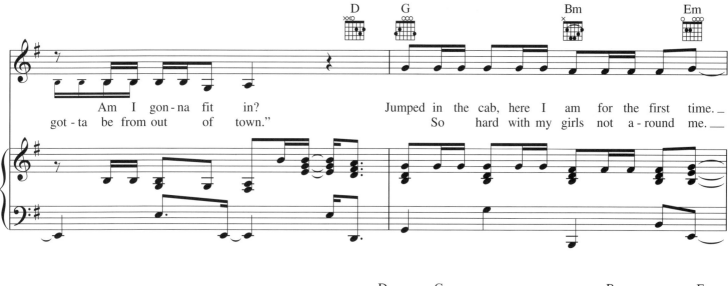

Am I gon-na fit in?
got-ta be from out of town."

Jumped in the cab, here I am for the first time. _
So hard with my girls not a-round me. _

_ Look to my right and I see the Hol-ly-wood sign. _ This is all so cra-zy, _
_ It's def-i-nite-ly not a Nash-ville par-ty, _ 'cause all I see are sti-let-tos. _

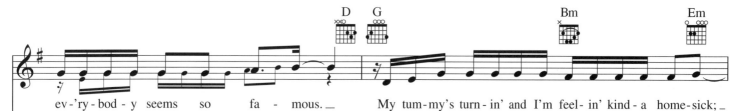

ev-'ry-bod-y seems so fa-mous. _
I guess I nev-er got the mem-o.

My tum-my's turn-in' and I'm feel-in' kind-a home-sick; _
My tum-my's turn-in' and I'm feel-in' kind-a home-sick; _

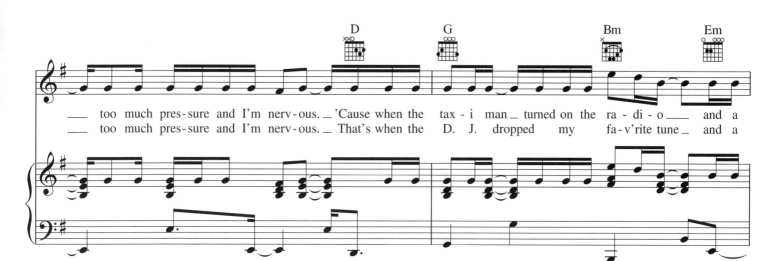

_ too much pres-sure and I'm nerv-ous. _ 'Cause when the tax-i man _ turned on the ra-di-o _ and a
_ too much pres-sure and I'm nerv-ous. _ That's when the D. J. dropped my fa-v'rite tune _ and a

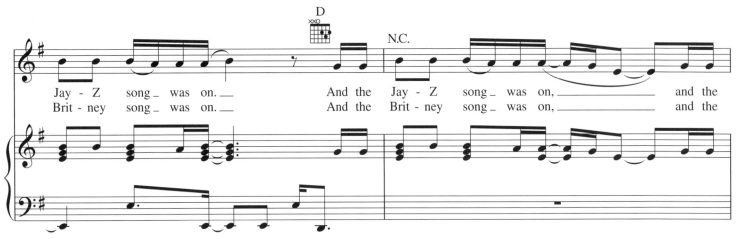

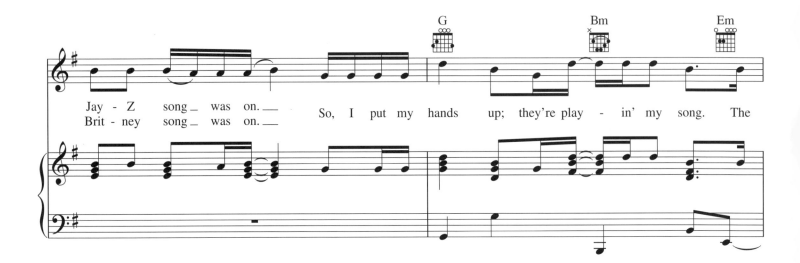

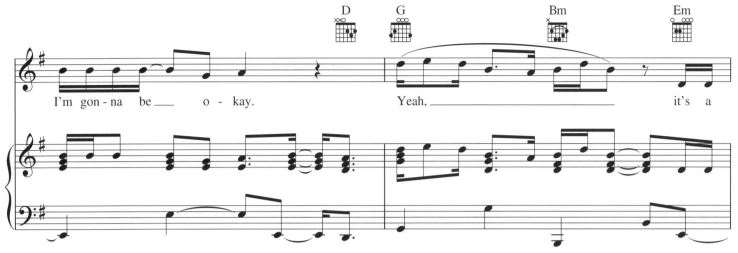

I'm gon-na be o-kay. Yeah, it's a

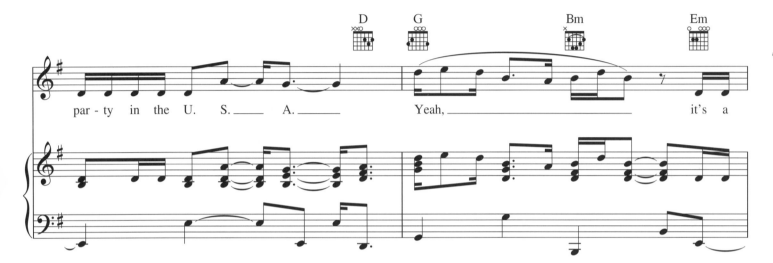

par-ty in the U. S. A. Yeah, it's a

par-ty in the U. S. A. Feel like hop-pin' on a flight

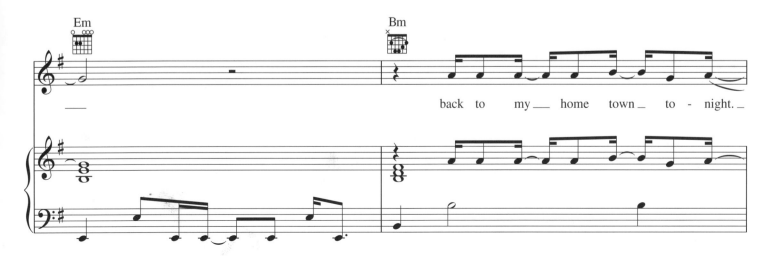

back to my home town to-night.

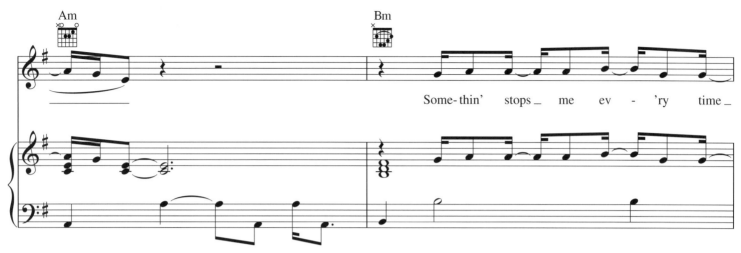

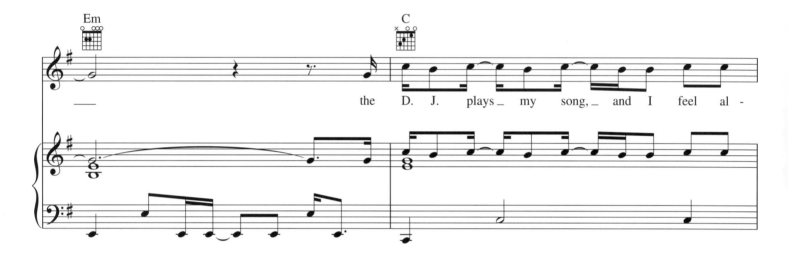

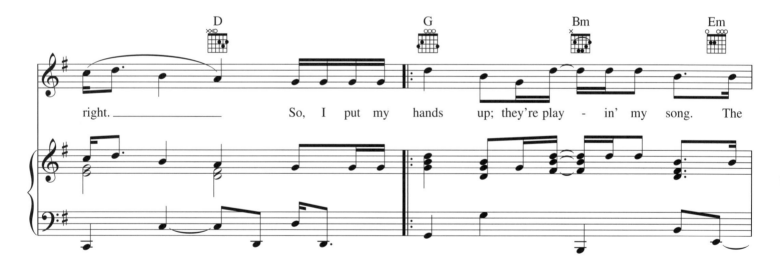

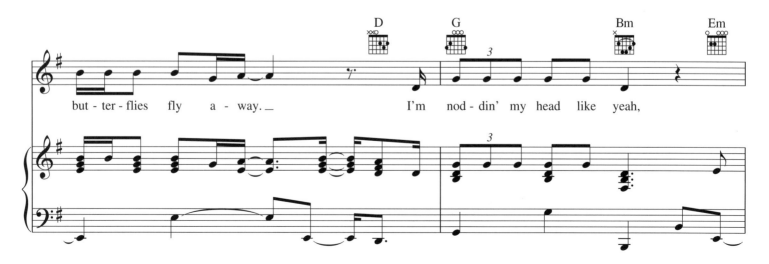

mov-in' my hips like yeah. Got my hands up; they're play - in' my song. I know

I'm gon-na be___ o - kay. Yeah,_____ it's a

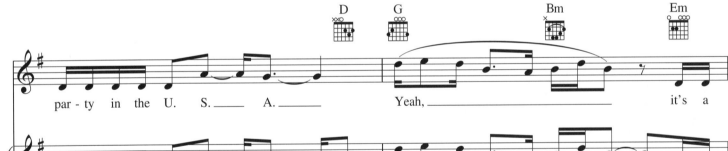

par-ty in the U. S.___ A.___ Yeah,_____ it's a

par-ty in the U. S.___ A. So, I put my par-ty in the U. S.___ A.___

SMILE

Words and Music by BLAIR DALY,
JEREMY BOSE, MATTHEW SHAFER
and JOHN HARDING

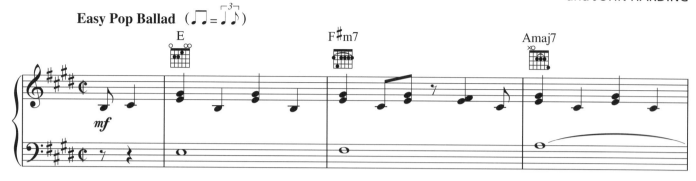

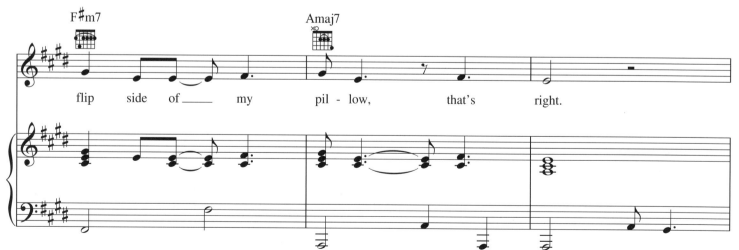

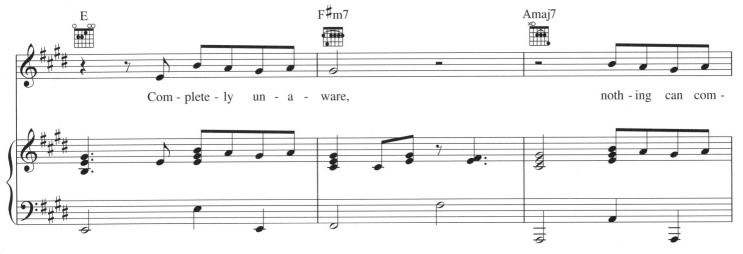

Com - plete - ly un - a - ware, noth - ing can com -

pare to where _ you send _ me. Lets _ me know _ that it's _ o - kay. _

_ Yeah, it's _ o - kay _ in the mo - ments when _ my good _

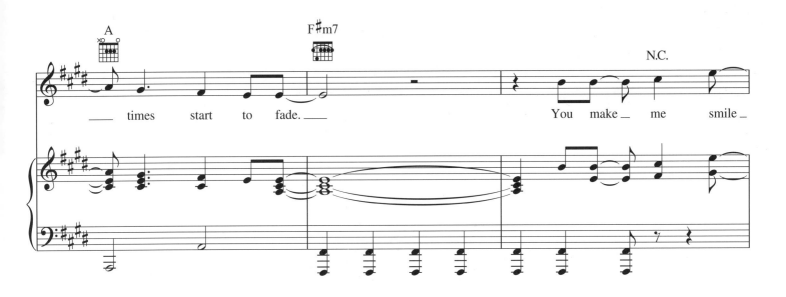

_ times start to fade. _ You make _ me smile _

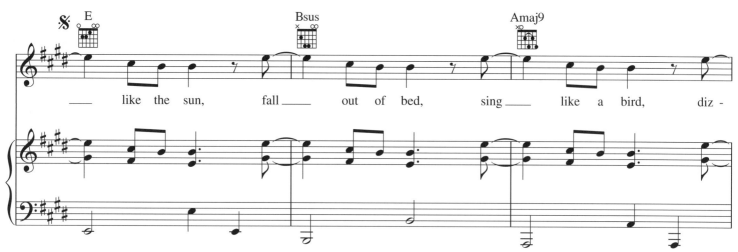

like the sun, fall ___ out of bed, sing ___ like a bird, diz-

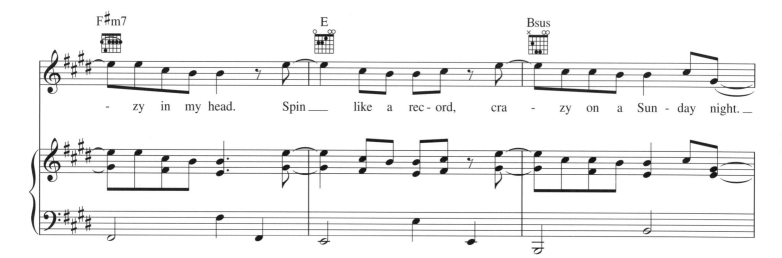

-zy in my head. Spin ___ like a rec-ord, cra-zy on a Sun-day night. ___

___ You make ___ me dance ___ like a fool, for-get ___

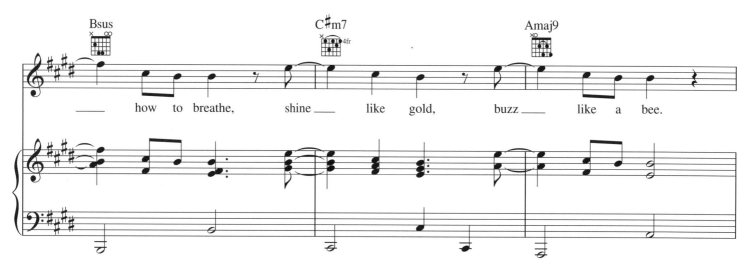

___ how to breathe, shine ___ like gold, buzz ___ like a bee.

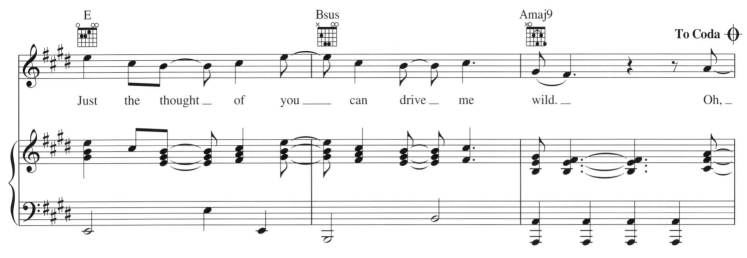

Just the thought — of you — can drive — me wild. — Oh, —

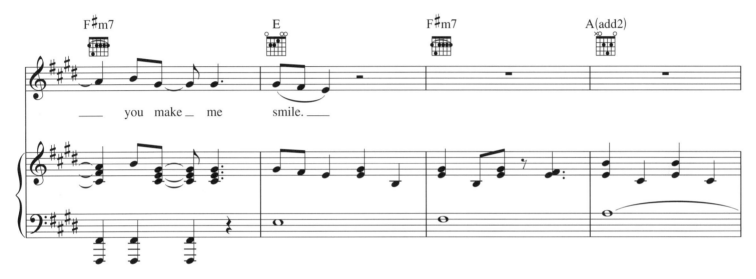

— you make — me smile. —

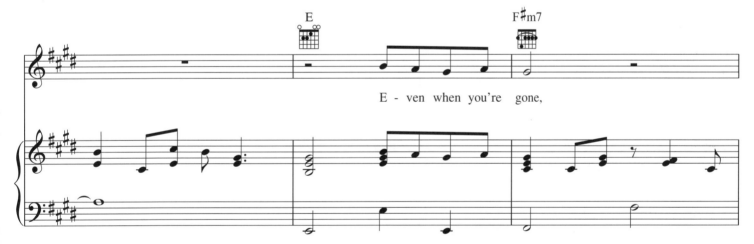

E - ven when you're gone,

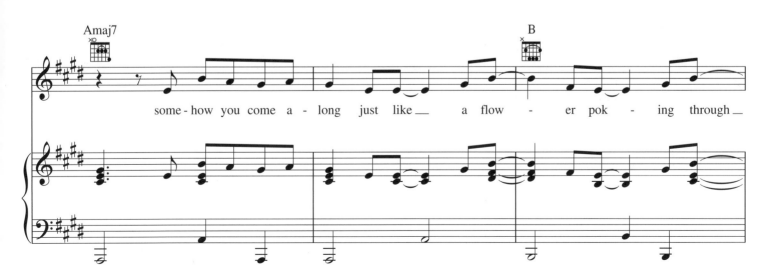

some - how you come a - long just like — a flow - er pok - ing through —

the side - walk crack. And just ___ like that ___ you

steal a - way ___ the rain. ___ And just ___ like that ___

D.S. al Coda

N.C.

you make ___ me smile ___

CODA

___ you make ___ me smile. Don't know how I

lived with - out ___ you; 'cause ev - 'ry time that I get a - round ___ you,

I see the best of me ___ in - side ___ your eyes. ___

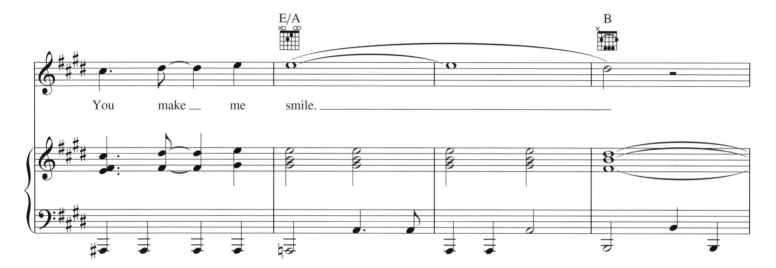

You make ___ me smile. ___

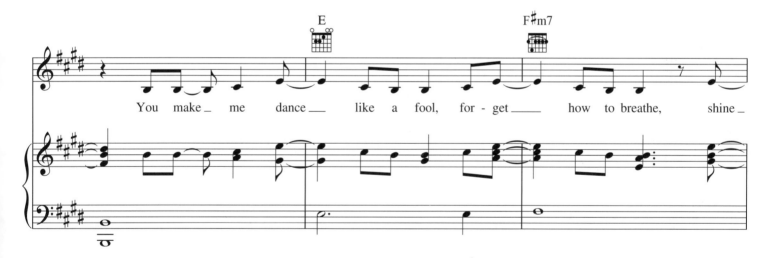

You make ___ me dance ___ like a fool, for - get ___ how to breathe, shine ___

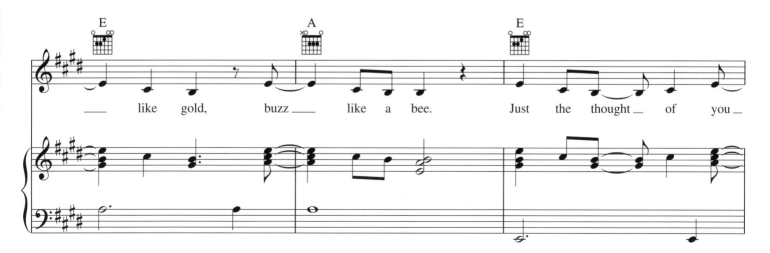

___ like gold, buzz ___ like a bee. Just the thought ___ of you ___

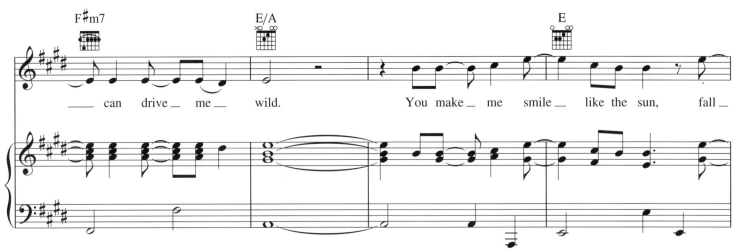

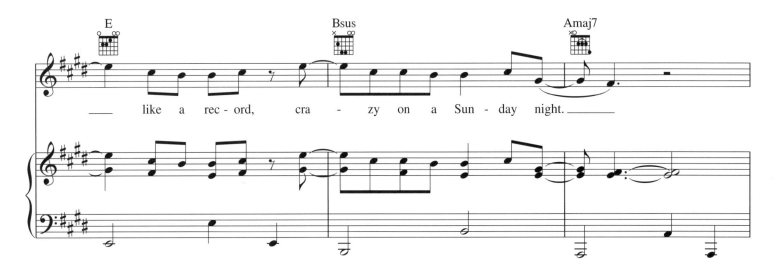

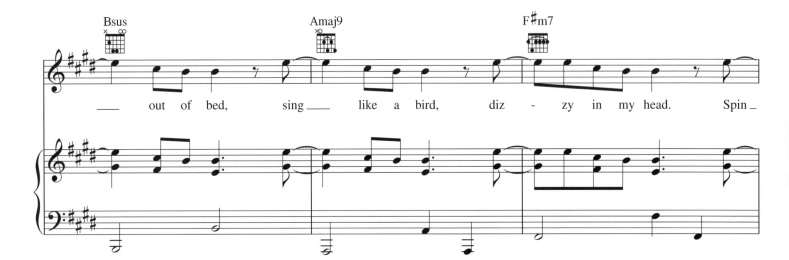

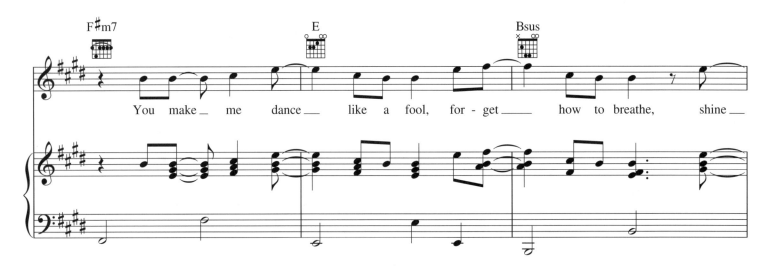

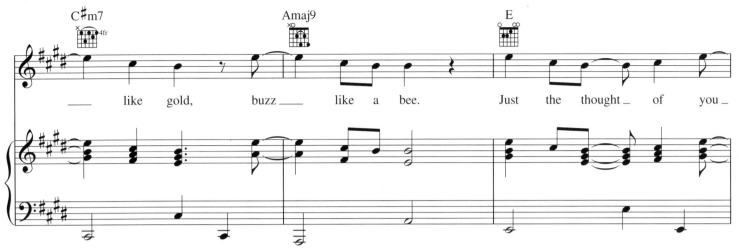

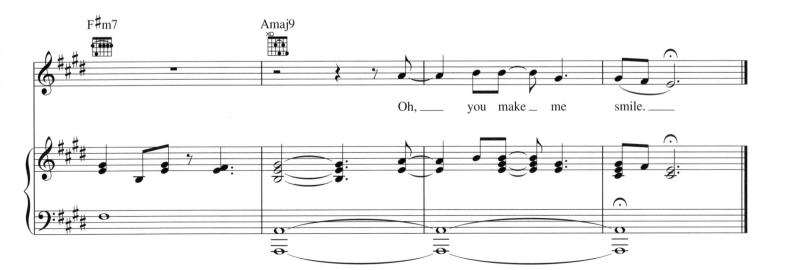

WHATCHA SAY

Words and Music by JASON DESROULEAUX,
IMOGEN HEAP, JONATHAN ROTEM
and KISEAN ANDERSON

Moderately slow groove

(Wha-wha-wha-wha- what did she say?) _____ (Mm, what-cha say, _____

_____ mm, that you on - ly meant well? _____ Well, of course you did. _____

Mm, what-cha say, _____ mm, that it's all for _____ the best? _____ Of course it is.)

* Recorded a half step higher.

I (I) was so wrong (wrong) for so long, (long) on-ly try'n' to please my-
How (how) could I live (live) with my-self (self) know-ing that I let our love

self. (my-self) Girl, I (I) was caught up (up) in her lust, (lust) when
go? (love go) And, ooh, (ooh) what I'd do (do) for one chance; (chance)

I don't real-ly want no one else. So, know, I know I should have
I just got-ta let you know. I know what I

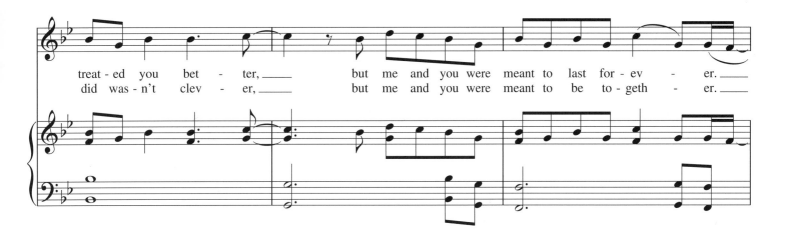

treat-ed you bet-ter, but me and you were meant to last for-ev-er.
did was-n't clev-er, but me and you were meant to be to-geth-er.

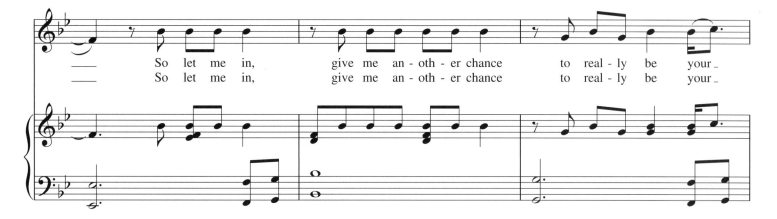

So let me in, give me an-oth-er chance to real-ly be your _
So let me in, give me an-oth-er chance to real-ly be your _

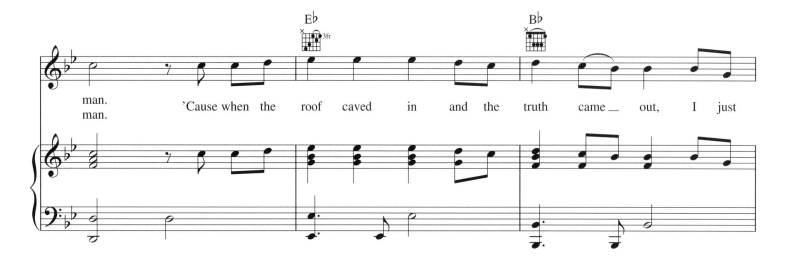

man.
man. 'Cause when the roof caved in and the truth came _ out, I just

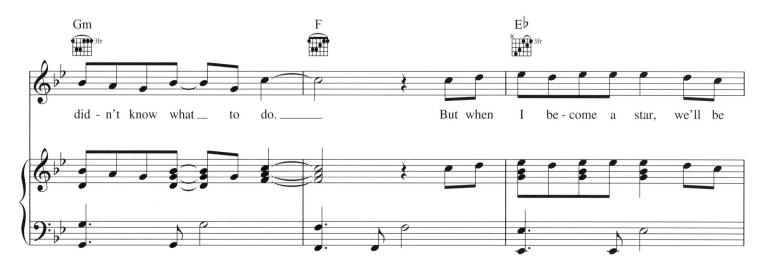

did-n't know what _ to do. _____ But when I be-come a star, we'll be

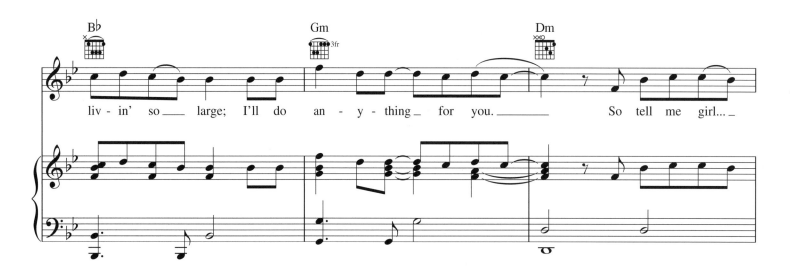

liv-in' so ___ large; I'll do an-y-thing _ for you. _____ So tell me girl... _

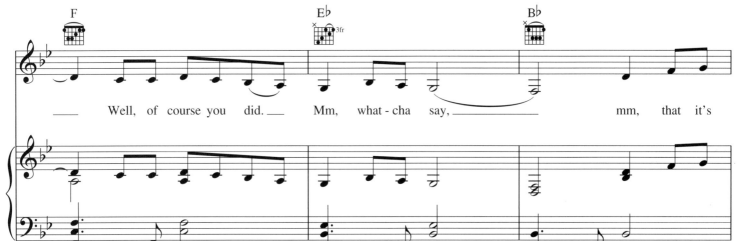

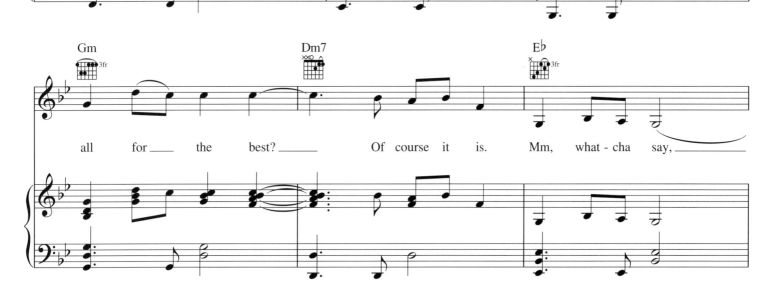

things _ ain't _ right, _ girl. things ain't right. 'Cause when the roof caved in and the

truth came _ out, I just did - n't know what _ to do. _____ But when

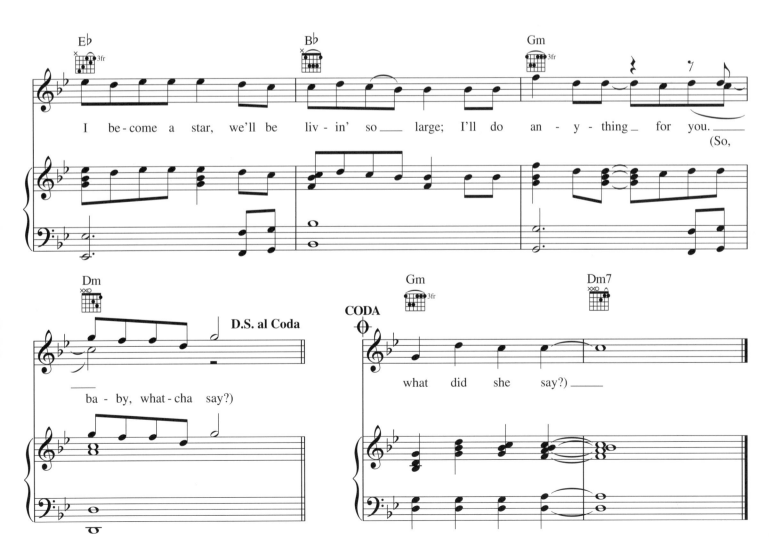

I be-come a star, we'll be liv-in' so _ large; I'll do an-y-thing_ for you. _____
(So,

ba - by, what-cha say?)

D.S. al Coda

CODA

what did she say?) _____

YOU BELONG WITH ME

Words and Music by TAYLOR SWIFT
and LIZ ROSE

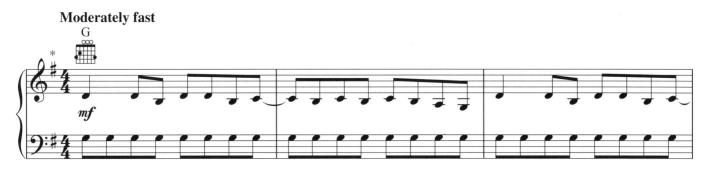

Moderately fast

You're on the phone with your girl-friend. She's up-set.

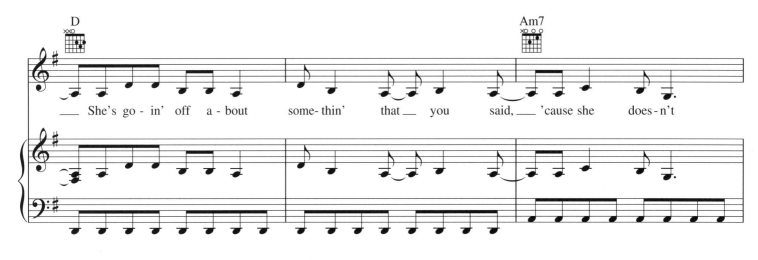

___ She's go-in' off a-bout some-thin' that ___ you said, ___ 'cause she does-n't

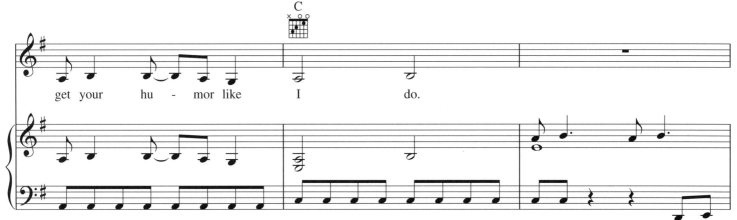

get your hu-mor like I do.

Recorded a half step lower.

I'm in the room, it's a typ-i-cal Tues-day night. ___ I'm lis-t'nin' to the kind of

mu-sic she does-n't like. ___ And she'll nev-er know your sto-ry like

I do. But she wears short skirts,
She wears high heels,

I wear T-shirts.
I wear sneak-ers. She's cheer cap-tain and I'm on the bleach-ers,

dream-in' 'bout the day when you wake up and find __ that what you're look-in' for __ has been here __

__ the whole time. If you could see that I'm __ the one __ who un-der-stands you.

Been here all __ a - long. __ So why can't you see __

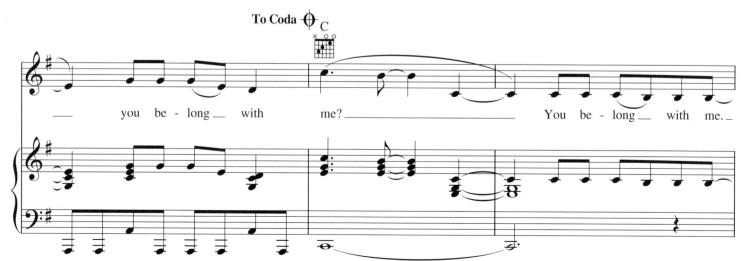

__ you be-long __ with me? __ You be-long __ with me. __

Walk- in' the streets with you

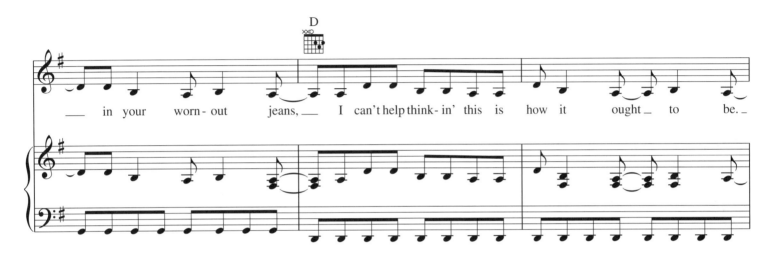

in your worn-out jeans, I can't help think-in' this is how it ought to be.

Laugh-in' on a park bench, think-in' to my-self, "Hey, is-n't this

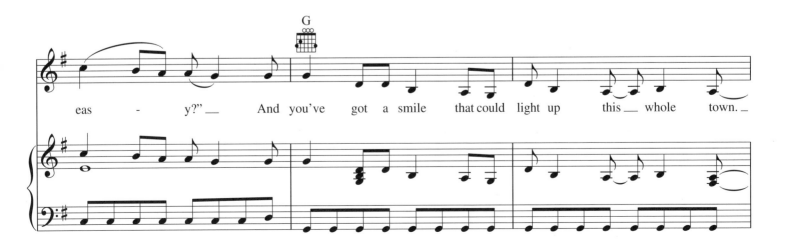

eas - y?" And you've got a smile that could light up this whole town.

I have-n't seen it in a while since she brought you down._ You say you're fine. I know you

D.S. al Coda

bet - ter than that. Hey, what you do - in' with a girl like that?

CODA

me? _____ Stand - in' by __ and wait-

- in' at your back door. All this time _ how could _ you not know, ba - by, _____

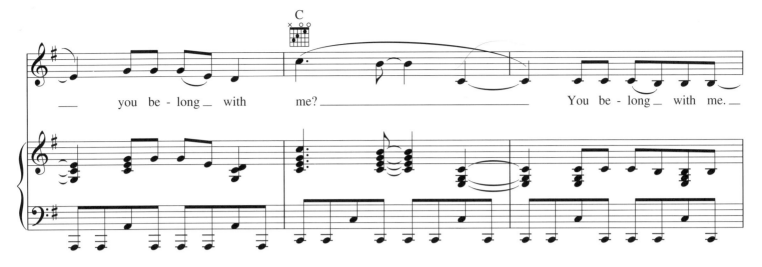

you be - long __ with me? _____ You be - long __ with me. __

Oh, I re - mem-ber you driv - in' to my house in the

mid - dle of the night. I'm the one who makes you laugh when you

know you're 'bout to cry. I know your fav - 'rite songs and you

tell me 'bout your dreams. Think I know where you be - long. Think I

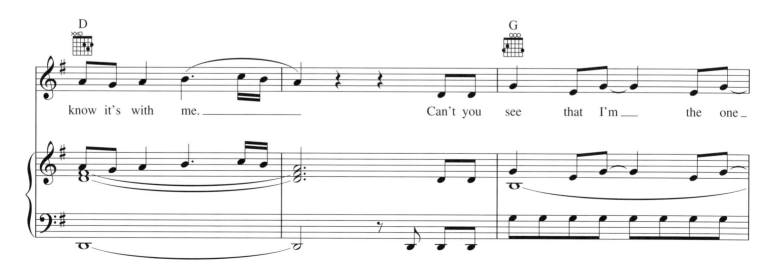

know it's with me. _____ Can't you see that I'm ___ the one ___

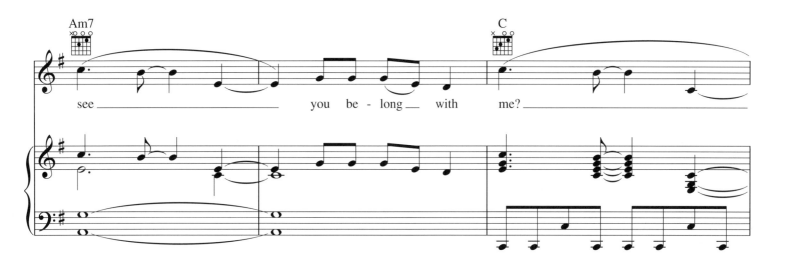

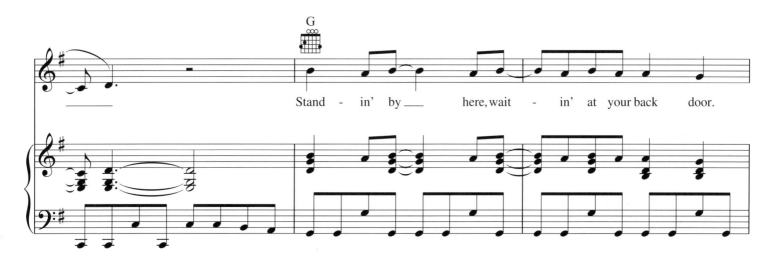

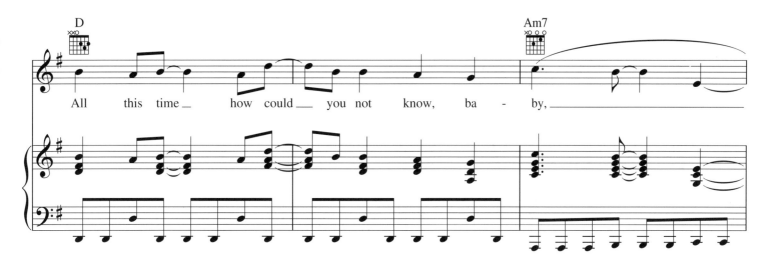

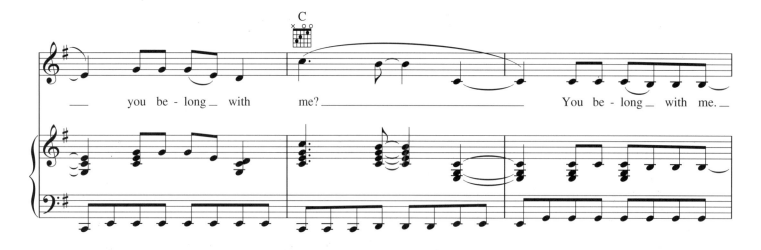

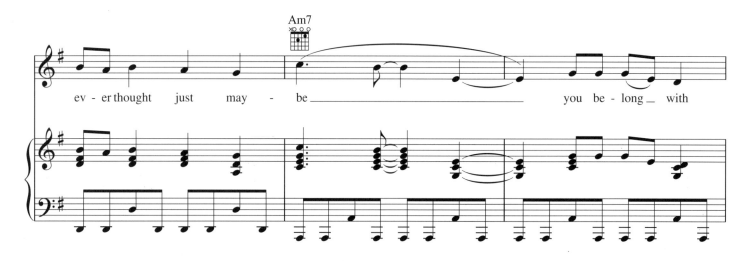